Langenhagener Lesebuch – Menschen und Landschaft

Langenhagener Lesebuch – Menschen und Landschaft

Herausgeber:

Arbeitsgruppe

GLieM

Ganz Langenhagen ist ein Museum

Vorwort

Wir, die Arbeitsgruppe GLieM, haben nach dem 2022 veröffentlichten „Langenhagener Lesebuch – wie es wurde, was es ist" diesen zweiten Band geschrieben. Wir treffen uns seit 2008 und erarbeiten Themen zur Geschichte der Stadt Langenhagen. Die Abkürzung GLieM steht für: **G**anz **L**angenhagen **i**st **ei**n **M**useum. Das bedeutet, den Menschen in Langenhagen einen einfachen Zugang zum Leben in dieser Stadt zu verschaffen. Das geschieht durch 120 Schautafeln an Originalschauplätzen, die auf Menschen, Institutionen, Bauwerke und Ereignisse hinweisen. Zudem gibt es eine Homepage, die Interessierten vertiefende Informationen anbietet: www.ag-gliem.de .

Nun kommen Lesebücher zu wichtigen Themen zum Leben in Langenhagen hinzu. In diesem Lesebuch 2 stellen wir einige neue der vielen Facetten unserer Stadt vor. Dabei stehen Menschen in Langenhagen im Mittelpunkt. Das sind zunächst mit der Ehrenbürgerwürde geehrte Personen. Zugleich wollen wir weitere verdiente Frauen und Männer in ihrem Wirken hervorheben. Die Auswahl folgt dabei keinen besonderen Kriterien. Sie ist vielmehr der Übereinkunft in der Arbeitsgruppe geschuldet. Erweiterungen und Ergänzungen sollen zudem in späteren Ausgaben der von uns geplanten Lesebücher erscheinen. Aber nicht nur Menschen prägen das Leben in Langenhagen. Dies gilt auch für die Landschaft in all ihren Facetten.

Hinweise zu den Tafeln finden Sie in den Fußnoten. Kurze Erläuterungen von *Begriffen* und Nachweise stehen ebenfalls in Fußnoten. Längere Hinweise sind dagegen am Ende im Glossar enthalten. Die zugehörigen *Begriffe* sind im Text kursiv gedruckt. Bildquellen, die nicht im Text angegeben sind, werden im Anhang ausgewiesen.

Viel Freude beim Lesen wünscht Ihre Arbeitsgruppe GLieM

Impressum:

Bibliografische Information der Deutschen Nationalbibliothek: Die Deutsche Nationalbibliothek verzeichnet diese Publikation in der Deutschen Nationalbibliografie; detaillierte bibliografische Daten sind im Internet über www.dnb.de abrufbar.

ISBN: 978-3-7597-5229-1

© Arbeitsgruppe GLieM Langenhagen 2024

Verlag: BoD • Books on Demand GmbH, In de Tarpen 42, 22848 Norderstedt
Druck: Libri Plureos GmbH, Friedensallee 273, 22763 Hamburg

Grußwort des Stadtarchivars

Das erste Langenhagener Lesebuch war offenkundig ein voller Erfolg und so steht nun schon der zweite Band an. Als Leiter des Stadtarchivs bin ich von Natur aus natürlich an der Geschichte unserer Stadt interessiert und die Arbeitsgruppe GLieM – Ganz Langenhagen ist ein Museum - hat sich in der Darstellung der Lokalgeschichte große Verdienste erworben. Dabei sind die Bestände des Stadtarchivs Langenhagen eine maßgebliche Grundlage für ihre Arbeit. GLieM macht durch mittlerweile 120 Informationstafeln im Stadtgebiet, einem virtuellen Museum und Publikationen, wie dem ersten und nun zweiten Lesebuch, Stadtgeschichte und Archivquellen für eine breitere Öffentlichkeit sichtbar und zugänglich.

Das ehrenamtliche Engagement und der Forschergeist bei der Entdeckung der eigenen Lokalhistorie, den alle Mitglieder der Arbeitsgruppe dabei zeigen, können nicht hoch genug gewürdigt werden. Als Archivar ist es immer eine Freude zu sehen, wenn Recherchen in unseren Beständen zu informativen Werken wie dem Langenhagener Lesebuch führen. Das erste Lesebuch ist bei uns im Archiv ein beliebtes Nachschlagewerk, denn auch wenn man als Stadtarchivar der Hüter der Quellen ist, so fehlt im Alltagsgeschäft oft die Zeit, sich mit allen Archivalia in ihrer ganzen Bandbreite auch inhaltlich zu beschäftigen.

Nicht nur hoffe ich, dass diese Reihe so schnell nicht aufhört, sondern sie viele Menschen für unsere Stadtgeschichte interessiert und begeistern kann. Sehen Sie es als Anreiz, vielleicht auch einmal selbst im Stadtarchiv zu recherchieren und die Geschichte Langenhagens weiter zu erkunden. Nachwuchs ist hier immer gerne gesehen, denn das Interesse für Geschichte ist sicher nicht vom Alter abhängig!

In diesem Sinne wünsche ich allen Leserinnen und Lesern eine spannende und informative Lektüre!

Matthias Rosenthal M.A.

Leiter Stadtarchiv Langenhagen

Inhaltsverzeichnis

Langenhagens Ehrenbürgerinnen und Ehrenbürger

Welche Auszeichnungen verleiht unsere Stadt?

Wie würdigt ein Gemeinwesen seine Bürgerinnen und Bürger für ihre außergewöhnliche Lebensleistung? Orden kann die Gemeinde oder die Stadt nicht verleihen, dieses Recht haben nur die Ministerpräsidenten der Bundesländer und der Bundespräsident.

Sehr wohl können Räte Ehrenzeichen verleihen. Die Stadt Langenhagen zeichnet mit einer silbernen oder goldenen Ehrennadel Ratsmitglieder für ihr langjähriges Wirken im Stadtrat aus. In gleicher Weise verfahren auch die Ortsräte.

Eine weitere wertvolle Auszeichnung, die unsere Stadt vergibt, ist die Eintragung in das Goldene Buch. Hier verewigt sich die oder der Ausgezeichnete nicht nur mit seiner Unterschrift. In einem Begleittext werden die Leistungen der zu ehrenden Person hervorgehoben. Als Zeichen der Wertschätzung belässt man es nicht bei dem reinen Eintrag, sondern schafft für diese besondere Ehrung bei einer Ratssitzung oder besonderen Veranstaltung einen feierlich angemessenen Rahmen.

Am Rande sei bemerkt, dass das Goldene Buch der Stadt Langenhagen ein Gastgeschenk der Landeshauptstadt Hannover ist, welches ihr Oberbürgermeister Schmalstieg bei der Rathauseinweihung im September 1984 Bürgermeister Billerbeck überreichte.

Als Auszeichnung für ihre vielfältigen ehrenamtlichen Aktivitäten trägt sich Gerda Negraßus, Ehrenvorsitzende des Kulturrings Langenhagen, am 18.12.2015 in das Goldene Buch der Stadt ein.

Die höchste Auszeichnung, die eine Kommune zu vergeben hat, ist die Verleihung der Ehrenbürgerschaft. Hiermit werden Personen geehrt, die sich in herausragender Weise um das Wohl der Bürger oder das Ansehen der Gemeinde verdient gemacht haben. Das Engagement der Ausgezeichneten hat verschiedenste Facetten, die bleibende Wirkung erzielen. Solcher Einsatz können politisches Mitwirken, sportliches oder soziales Engagement, erfolgreiches Unternehmertum oder weitere Lebensleistungen von Personen sein, die sich in ihrem Gemeinwesen in besonders herausragender Weise verdient gemacht haben.

Auf Vorschlag beschließt der Rat die Verleihung des Ehrenbürgerrechts. Die Verleihung erfolgt durch Überreichung der Ehrenbürgerurkunde in feierlichem Rahmen.

In Langenhagen belässt man es bei der reinen Aushändigung der Ehrenbürgerurkunde und einem anschließenden Empfang für die oder den Geehrten. Bei städtischen Veranstaltungen bekommen die Ausgezeichneten natürlich einen Ehrenplatz.

Mit dem Tod der Ausgezeichneten endet die Ehrenbürgerschaft. In der Vergangenheit waren häufig besondere Leistungen der Stadt gegenüber dem Ehrenbürger mit der Auszeichnung verbunden. So erhielten Ehrenbürger zum Beispiel nach ihrem Tod ein Ehrengrab, welches die Gemeinde oder Stadt in Pflege nahm.

Gedenkstätte zur Erinnerung an die Ehrenbürgerinnen und Ehrenbürger der Stadt Langenhagen auf dem Friedhof Grenzheide

Unsere Stadtoberen haben sich etwas einfallen lassen, damit Ehrenbürgerinnen und Ehrenbürger nach ihrem Ableben nicht vergessen werden. Auf dem städtischen Friedhof Grenzheide gibt es eine Gedenkstätte, auf der die verstorbenen, verdienten

Bürgerinnen und Bürger gewürdigt werden. Die auf Seite acht abgebildeten Stelen zeigen ihre Namen.

Welche Personen wurden Ehrenbürgerinnen und Ehrenbürger?

Wie anderswo auch haben die in Langenhagen Geehrten vollkommen unterschiedliche Biografien. Insgesamt wurden bisher 16 Personen mit der Ehrenbürgerschaft ausgezeichnet. Waltraud Krückeberg und Ernst Müller leben hochbetagt noch unter uns. Alle anderen Ehrenbürgerinnen und Ehrenbürger sind bereits verstorben.

Ein Geehrter, Ernst Karthäuser, erhielt die Auszeichnung wegen seiner Verdienste um das öffentliche Wohl und seines Dienstes für die Allgemeinheit; er war Gemeinde- und Ehrenoberbrandmeister.

Vier ehemalige Ratsmitglieder mit Ehrenbürgerschaft waren stark in sozialen Bereichen engagiert (Bertha Schneider, Martha Korell, Waltraud Krückeberg und Lothar Schuldt).

Zwei Ehrenbürger haben sich im kulturellen Bereich außerordentliche Verdienste erworben: Ernst Müller im Musikleben als Orchesterleiter und Wilhelm Hirte, der die Chronik von Engelbostel verfasst hat und im Niedersächsischen Heimatbund mitwirkte.

Wenn man sich die Begründungen anschaut, die zur Ehrung von Mitbürgerinnen und Mitbürgern führte, kann man interessante Feststellungen machen. Von den insgesamt 16 Geehrten sind allein elf Personen u. a. wegen der Wahrnehmung politischer Mandate ausgezeichnet worden (Karl Schönemann, August Wagener, August Hölscher, Alfred Oellerich, Albert Fichte, Bertha Schneider, Martha Korell, Walter Bettges, Josef Billerbeck, Waltraud Krückeberg und Lothar Schuldt).

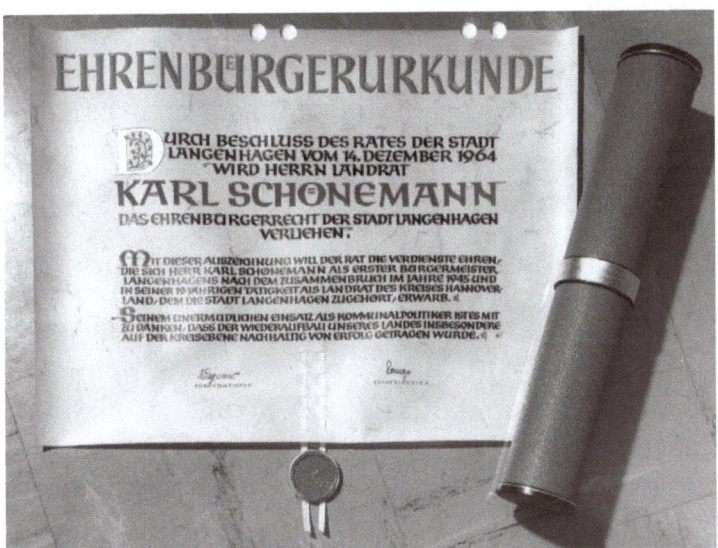

Ein Beispiel für die von der Stadt Langenhagen verliehenen Ehrenbürgerbriefe.

Hier die Urkunde für den ehemaligen Landrat Karl Schönemann, der den Ehrenbürgerbrief am 14. Dezember 1964 erhielt.

Acht davon waren zusätzlich besondere Amtsträger wie Bürgermeister oder Landrat (Schönemann, Wagener, Oellerich, Fichte, Bettges, Billerbeck und

Krückeberg). Gemeindedirektor Otto Schwarz komplettiert die Riege der Amtsträger.

Zwei Ehrenbürger wurden als Unternehmensleiter von Firmen mit überregionaler Bedeutung geehrt: der Generaldirektor der Firma Hackethal Richard Platz und August Hölscher, einer der Miteigentümer der Norddeutschen Tapetenfabrik NORTA. Hölscher war außerdem langjähriges Gemeindeausschussmitglied der alten Gemeinde Langenhagen.

Unter den bisher 16 Geehrten sind zwei gebürtige Langenhagener: Bertha Schneider und Ernst Karthäuser.

Seit wann wird in Langenhagen die Ehrenbürgerwürde verliehen?

Die Verleihung der Ehrenbürgerschaft reicht in Langenhagen ca. einhundert Jahre zurück. Die damals noch selbstständige Gemeinde Brink verlieh 1925 diese Auszeichnung an den Generaldirektor der Firma Hackethal, Richard Platz.

1931 ehrte die Gemeinde Langenhagen August Hölscher, Gemeindeausschussmitglied und Unternehmer.

1955 wurde Wilhelm Hirte von der Gemeinde Engelbostel für sein Engagement im Bereich der Heimatgeschichte gewürdigt.

1958 wurde Ernst Karthäuser, langjähriger Gemeindebrandmeister, von der Gemeinde Langenhagen ausgezeichnet.

1961 erhielt Otto Schwarz, der frühere Gemeindedirektor und spätere erste Stadtdirektor Langenhagens die Ehrenbürgerwürde. Er war der erste, dem die Gemeindevertretung, nun als Stadtrat, die Auszeichnung zuteilwerden ließ.

Alle danach ernannten Ehrenbürgerinnen und Ehrenbürger wurden oder werden vom Stadtrat ernannt. In der Regel erfolgen die Beschlüsse hierzu einstimmig oder werden zumindest von einer großen Mehrheit der Ratsmitglieder getragen.

Was zeichnet die ernannten Personen aus? Schauen wir uns die Biografien der Geehrten an:

Richard Platz wurde am 24. November 1867 in Chemnitz geboren. Im Jahr 1900 wurde er Geschäftsführer der Hackethal-Draht-Gesellschaft GmbH. Die Firma befand sich in der Kniestraße in Hannovers Nordstadt. Sie war von den Gebrüdern Joseph und Jacob Berliner gegründet worden, um die Erfindungen von Louis Hackethal wirtschaftlich zu nutzen. Die Brüder Berliner hatten zuvor schon 1898, auch in der Kniestraße, mit der Schallplattenproduktion begonnen. Nach erster Verlagerung der Drahtproduktion in die Nicolaistraße folgte die Ansiedlung vor den Toren der Stadt Hannover an der Stader Chaussee in der damals noch selbständigen Gemeinde Brink. Hier konnte 1906 in einem eigenen Gebäude die Produktion aufgenommen werden. Mit der Umwandlung der Firma Hackethal in eine Aktiengesellschaft wurde 1907 Richard Platz zum alleinigen Vorstand berufen.

Die nunmehr Hackethal-Draht und Kabelwerke Aktiengesellschaft expandierte. Nach der Drahtzieherei kam ein Kupferwalzwerk hinzu. In diese Zeit fällt der Beitritt von Hackethal in die Brinker Hafengesellschaft. Auch auf Grund der Initiative von Richard Platz wurde der Anschluss an den Mittellandkanal vorangetrieben. Gleisanschlüsse vom Bahnhof Vinnhorst aus bedienten das Firmengelände.

Inzwischen war die Firma Hackethal zu einem der größten Arbeitgeber im Norden Hannovers herangewachsen. Die ehemals bäuerliche Gemeinschaft der umliegenden Orte stellte die Arbeitskräfte für die expandierende Industrie.

Neben seinen Aufgaben als Firmenvorstand engagierte Platz sich in der Interessenvertretung der Unternehmen, der Industrie- und Handelskammer Hannover, zunächst als deren Vizepräsident, später als deren Präsident.

Auf politischer Ebene arbeitete Richard Platz bei den Deutschnationalen. Für diese Partei saß er im *Provinziallandtag* der Provinz Hannover.

Richard Platz

Obwohl von der Ausbildung her Kaufmann, verlieh ihm die Technische Hochschule Hannover die Ehrendoktorwürde eines Dr.-Ing. ehrenhalber und anerkannte damit das technische Wirken von Platz als Firmenleiter. Ebenso ernannte ihn die Technische Hochschule in Hannover zu ihrem Ehrenbürger.

Wie wir sehen, steht das Recht zur Verleihung des Ehrenbürgerbriefes nicht nur den Gemeinden, sondern auch den Universitäten und Technischen Hochschulen zu.

Das Firmengelände der Firma Hackethal um 1920

Das vorstehende Bild der Firma Hackethal aus dem Jahr 1920 zeigt das Gelände der Fabrik, mit dem Entwicklungsstand unter der Ägide von Generaldirektor Richard Platz. Die Firma wirkt quasi als *Solitär* in der Landschaft; das wollte der Bildverfasser wohl auch zum Ausdruck bringen. Einzig der am nördlichen, rechten Bildrand zu erkennende Schornstein gehört zur Eisengießerei Zietz auf der Nordseite der Brinker Hafenstraße, der heutigen Wohlenbergstraße. Im danebenstehenden Wohnhaus an der Einmündung in die heutige Vahrenwalder Straße waren Werkswohnungen der Zietzschen Mitarbeiter. Dieses Wohnhaus besteht noch heute.

Wegen der Verdienste von Richard Platz um die Entwicklung der Gemeinde Brink, als Arbeitgeber und Mitinitiator des Brinker Hafens, ernannte der Gemeindeausschuss von Brink ihn am 24. September 1925 zum Ehrenbürger. Er ist damit die erste Person, die in Langenhagen in der damals noch selbständigen Gemeinde Brink mit dieser Auszeichnung für sein Lebenswerk gewürdigt wurde.

Richard Platz starb kurz vor der „Machtergreifung" der Nationalsozialisten am 1. Januar 1933 in Hannover und wurde auf dem Friedhof Engesohde zu Grabe getragen.

August Hölscher erblickte am 24. September 1873 in Lauenstein am Ith das Licht der Welt.

Nach der Schulausbildung begann er eine kaufmännische Lehre in der Textilindustrie und war danach als selbständiger Kaufmann tätig. In diesem Zusammenhang lernte Hölscher den Kaufmann Erwin Breimer kennen. Beide kauften 1903 von der Firma Wilhelm Bode eine ehemalige Färberei an der Walsroder Straße in der Gemeinde Langenhagen. Bode hatte diese ein Jahr zuvor im Rahmen einer Zwangsversteigerung von Louis Münkel erworben.

August Hölscher

Hölscher und sein Geschäftspartner Breimer gründeten auf dem Gelände eine Tapetenfabrik. In verhältnismäßig kurzer Zeit entwickelte sich die Firma Norddeutsche Tapetenfabrik Hölscher und Breimer (NORTA)[1] zu einem prosperierenden Unternehmen. Eine *Lokomobile* sicherte die Stromversorgung und ermöglichte Maschineneinsatz. Die Deutsche Tapetenzeitung lobte die künstlerischen Entwürfe der NORTA- Tapeten. Der Leitspruch von August Hölscher war: „Nur der Erfolg der Neuheiten sichert die Wirtschaftlichkeit und ermöglicht die Amortisation der Unkosten".

Moderne Betriebsgebäude, geplant von dem bedeutenden Industrie-architekten Karl Siebrecht, ermöglichten die Arbeit in lichtdurchfluteten modernen Produktionsräumen. Sehr schnell wurde die Firma zu einem der

NORDDEUTSCHE TAPETENFABRIK HÖLSCHER & BREIMER
LANGENHAGEN-HANNOVER

---

1 GLieM-Tafel Nr. 13 Norddeutsche Tapetenfabrik - NORTA

bedeutendsten Arbeitgeber Langenhagens. Als ergänzende Sozialeinrichtung gründeten Hölscher und Breimer eine Pensions- und Unterstützungskasse für ihre Mitarbeiter.

Um die Bedeutung der Norddeutschen Tapetenfabrik als Arbeitgeber für Langenhagen zu erkennen, reicht ein Blick in das Einwohnerverzeichnis von Langenhagen aus dem Jahr 1927. Hinter vielen Namen steht die Berufsbezeichnung „Tapetendrucker".

Hierzu gehörten auch die beiden späteren Ehrenbürger Langenhagens, Karl Schönemann und Ernst Karthäuser, die bei der NORTA als Tapetendrucker tätig waren und auf die wir im Weiteren noch zu sprechen kommen.

Neben der Tätigkeit als Vorsitzender des Verbands Deutscher Tapeten-fabrikanten war August Hölscher seit 1906 über zwei Jahrzehnte Mitglied im Langenhagener Gemeindeausschuss.

Als Würdigung für seine unternehmerische Lebensleistung und seinen Einsatz im politischen Gremium der Gemeinde erhielt August Hölscher anlässlich seiner 25-jährigen Zugehörigkeit zum Gemeindeausschuss 1931 die Ehren-bürgerschaft der Gemeinde Langenhagen verliehen.

1939, kurz vor dem Ausbruch des II. Weltkrieges, hatte die NORTA ihren höchs-ten Stand der technischen, künstlerischen und wirtschaftlichen Entwicklung erreicht.

Einen schweren Schicksalsschlag hatte Hölscher zu verkraften, als sein Mit-geschäftsinhaber Erwin Breimer bei einem Bombenangriff 1941 ums Leben kam. Die Einstellung der Tapetenproduktion erfolgte 1943. Tapetenherstellung war nicht kriegswichtig. In den Hallen mussten für die Firma *Focke-Wulf* Flug-zeugteile hergestellt werden.

Nach dem II. Weltkrieg wurde zunächst aufgeräumt und die schlimmsten Bombenschäden wurden beseitigt. 1949 konnte die erste Nachkriegs-Tape-tenkollektion vorgestellt werden.

Die weitere wirtschaftliche Entwicklung seines Unternehmens konnte August Hölscher nicht mehr steuern. Er starb 75-jährig am 26.02.1949. Die Familien-grabstätte Hölscher ist auf dem Kirchenfriedhof an der Karl-Kellner-Straße er-halten.

Wilhelm Hirte, ein echtes Harzer Kind, wurde am 31. März 1875 in Zellerfeld geboren. 1906 heiratete er Caroline Louise Ida Nebel aus Engelbostel, deren Vater dort einen Bauernhof besaß. Ida Hirtes Bruder betrieb in der Straße Alt Engelbostel ein Lebensmittelgeschäft. Dieses übernahmen Hirtes 1926 und führten es bis 1956.

Bereits in den 30er Jahren trug Wilhelm Hirte Daten und Informationen für eine Engelbosteler Dorfchronik zusammen.

Hierbei wurde er von Lehrer Heinrich Hornbostel und von Fritz Hanebuth unterstützt. Diese Dorfchronik, in deutscher *Steilschrift* verfasst, beleuchtet historische Ereignisse, beschreibt die Dorfentwicklung und zeigt anhand von Fotos das dörfliche Leben.

Hirte war ein aufmerksamer Beobachter, politisch interessiert und arbeitete mehrere Jahre als Beigeordneter im Gemeindeausschuss mit. Mit Gleichgesinnten gründete er 1936 die Engelbosteler Ortsgruppe des Heimatbundes und übernahm deren Vorsitz.

Anfang der 50er Jahre arbeitete Hirte an einer Chronik der Engelbosteler Höfe und beschrieb in der Reihenfolge der Nummerierung der Hofstellen die Besitzer und deren Vorfahren, die Gebäude, Anbauflächen und Ackerfrüchte sowie sonstige Erwerbszweige.

Wilhelm Hirte[2]

1950 organisierte er für Engelbostel die 900-Jahrfeier, an der auch die Kaisertochter Viktoria Luise[3] teilnahm. Für sein ehrenamtliches Wirken wurde Wilhelm Hirte am 31. März 1955, seinem 80. Geburtstag, die Ehrenbürgerschaft der Gemeinde Engelbostel verliehen.

---

2 GLieM-Tafel Nr. 95 Wilhelm Hirte – Ortschronist und Ehrenbürger
3 Die 1892 geborene einzige Tochter des letzten deutschen Kaisers Wilhelm II. Sie war Berichten zufolge im III. Reich eine „überzeugte Nazisse", so hießen Frauen, die Adolf Hitler bedingungslos folgten. Durch Heirat wurde sie zur Herzogin von Braunschweig und Lüneburg. Daher galt sie bei welfentreuen und oft rechtsgerichteten Personen als besonders verehrungswürdig. Auch deshalb nahm sie regelmäßig am Hannoverschen Schützenausmarsch per Kutsche im Festzug teil. Auch weniger bedeutende Anlässe wie die 900 Jahrfeier nahm sie gerne wahr.

Mitarbeiter des Stadtarchivs haben den handschriftlichen Urtext seiner Dorfchronik und der späteren Chronik der Höfe in Maschinenschrift übertragen, um sie in heute lesbarer Form zu erhalten.

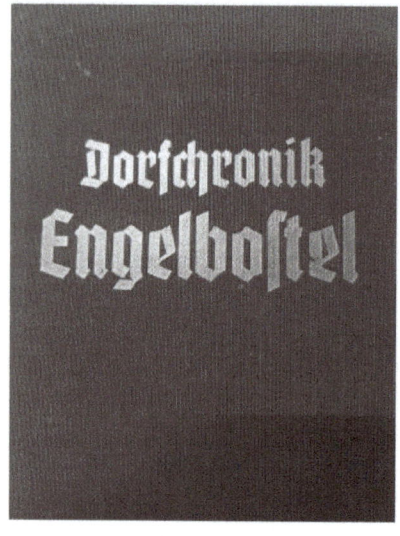 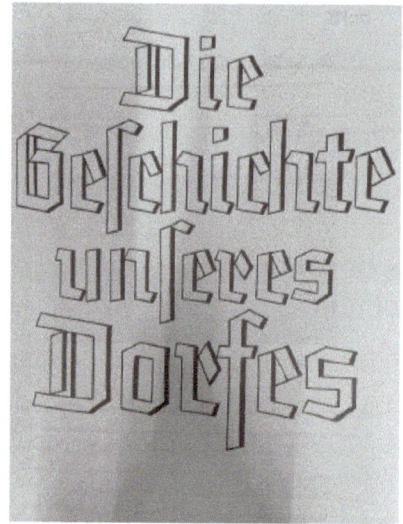

Links der Buchtitel der Engelbosteler Dorfchronik, die Hirte handschriftlich verfasst hat.

Rechts das Deckblatt der transkribierten Fassung der Dorfchronik

Auch bei der Erarbeitung des Entwurfs[4] für ein Gemeindewappen wirkte Hirte mit. Die wesentlichen Entwurfselemente gehen auf die von ihm vorgeschlagenen Symbole zurück:

- Der Kirchturm war früher gleichzeitig Wehrturm.
- Die Lindenblätter sollen als Sinnbild einer Gerichtslinde zum Ausdruck bringen, dass Engelbostel früher Sitz eines Gerichtes war.
- Der Löwe soll die Zugehörigkeit des Ortes zum ehemaligen Amt Langenhagen darstellen.

Das Wappen wurde 1951 vom Niedersächsischen Minister des Inneren verliehen.

Wilhelm Hirte starb am 12. Dezember 1957. In Würdigung seiner Verdienste erhielt die Verbindung zwischen der Heidestraße und der Straße Am Spritzenhaus 1962 den Namen „Wilhelm-Hirte-Straße". Das Grab der Eheleute Hirte ist heute noch auf dem Engelbosteler Friedhof zu finden.

4 Der Entwurf stammt von dem Heraldiker und Wappenmaler Gustav Völker

Ernst Karthäuser ist der erste Ehrenbürger der Gemeinde Langenhagen nach der Vereinigung mit Brink und Langenforth.

In Langenhagen am 28.12.1889 geboren, ging er hier zur Schule und machte eine Ausbildung als Tapetendrucker bei der gerade gegründeten Norddeutschen Tapetenfabrik Hölscher und Breimer. Bei dieser feierte er dann auch 1957 sein 50-jähriges Arbeitsjubiläum.

Ernst Karthäuser

Schon als 17-Jähriger engagierte sich Ernst Karthäuser in der freiwilligen Feuerwehr der damaligen Gemeinde Langenhagen.

Die freiwillige Feuerwehr der Gemeinde Langenhagen im Jahr 1925, in der Mitte rechts Ernst Karthäuser (mit Brille).

1948 übernahm er das Amt des Gemeindebrandmeisters und widmete sich unermüdlich dem Wiederaufbau der Feuerwehr. Durch Kriegseinwirkungen beschädigtes Gerät musste repariert oder überwiegend neu beschafft werden. Erste Schritte für eine Modernisierung der Wehr wurden unternommen. Kriegsheimkehrende Feuerwehrkameraden und Kameraden, die während der Kriegszeit den Heimatort schützten, mussten zu einer homogenen, schlagkräftigen Einheit zusammengeführt werden. Die Ausbildung an neuem Gerät und Fahrzeugen stand im Vordergrund.

Nach zehn Jahren als Gemeindebrandmeister und einer fünfzigjährigen Laufbahn als aktiver Feuerwehrmann konnte Karthäuser auf eine erfolgreiche Bilanz seiner Tätigkeit zum Wohle der Allgemeinheit zurückblicken.

Im Juni 1958 erhielt Ernst Karthäuser für seine Lebensleistung im Ehrenamt den Verdienstorden der Bundesrepublik Deutschland.

In Würdigung seiner Verdienste um das Feuerwehrwesen ernannte die Gemeinde Langenhagen Karthäuser zum Ehrenoberbrandmeister.

In der gleichen Gemeinderatssitzung am 05.07.1958 wurde Ernst Karthäuser die Ehrenbürgerschaft verliehen. Karthäusers jahrzehntelanger vorbildlicher Einsatz zum Wohle der Allgemeinheit fand damit ihre außerordentliche Anerkennung.

Zwei Jahre nach der Verleihung der Ehrenbürgerschaft starb Ernst Karthäuser im Alter von nahezu 71 Jahren am 12. August 1960 in Langenhagen.

Otto Schwarz, am 02. Juli 1895 in Löbejün südlich von Köthen im heutigen Sachsen-Anhalt geboren, erlebte noch als Soldat im I. Weltkrieg das massenweise Sterben an der Front. Im II. Weltkrieg blieb Otto Schwarz Zivilist. Nach dem Tod seines Schwiegervaters, einem Kleiderfabrikanten, kündigte er bei der Stadtverwaltung und übernahm die Kleiderfabrik, die später als „kriegswichtiger Betrieb" eingestuft wurde.

Otto Schwarz

Nach dem II. Weltkrieg und seinen Erfahrungen mit der Repression der Nationalsozialisten beteiligte sich Schwarz am demokratischen Aufbau in der damaligen Sowjetischen Besatzungszone. Er wurde Kämmerer in der Stadt Brandenburg, 1946 Landtagsabgeordneter der damals noch im Osten bestehenden SPD.

1947 flüchtete Otto Schwarz in den Westen und kam 1949 in das noch stark von den Kriegsfolgen gezeichnete Langenhagen. Hier übernahm er zunächst das Amt des Kämmerers. Schwarz brachte bereits Erfahrungen in der Kommunalverwaltung mit, die er in seiner früheren Tätigkeit als Verwaltungslehrling erst in seiner Geburtsstadt, dann als Verwaltungsangestellter und Kämmerer bei der Stadt Brandenburg an der Havel erworben hatte. 1950 übernahm Schwarz das Amt des Gemeindedirektors, das er bis zu 31. März 1960 inne hatte, im letzten Amtsjahr als Stadtdirektor Langenhagens.

Die Beschaffung von Wohnraum war eines seiner dringendsten Ziele. Er half als Gemeindedirektor bei der Grundstücksbeschaffung, förderte Selbsthilfegemeinschaften, wie die Aufbaugemeinschaften Silbersee und der Kriegsbeschädigten am Hilsweg. Otto Schwarz beschaffte Grundstücke für die Kriegsblindensiedlung am Ithweg und in den Kolkwiesen.[5]

Die Volksparksiedlung zwischen der Manrade und der Niedersachsenstraße entstand in seiner Amtszeit ebenso wie die Wohnsiedlung am Hohen Felde.

Am 01. März 1959 übergibt der damalige Innenminister Hinrich Wilhelm Kopf im Ratssaal die Urkunde zur Verleihung der Stadtrechte an den Langenhagener Bürgermeister August Wagener; zu dieser Zeit war Otto Schwarz Gemeindedirektor von Langenhagen

Der sicherlich größte berufliche Erfolg von Otto Schwarz war die Verleihung der Bezeichnung „Stadt" für Langenhagen durch den Niedersächsischen Ministerpräsidenten am 01. März 1959. Die Initiative hierzu war von Schwarz ausgegangen. Schmerzlich muss für ihn gewesen sein, dass es ihm nicht gelang

---

5 GLieM-Tafeln Nr. 25 Silberseesiedlung, Nr. 69 Siedlung und Weberei kriegsblinder Weber, Nr. 74 Kriegs- und Zivilbeschädigten Siedlung

alle Ratsmitglieder für die Unterstützung des entsprechenden Antrags zu gewinnen. Schwarz erhoffte sich für die „Stadt" Langenhagen eine höhere Zuweisung von Fördergeldern und eine Gleichberechtigung und Gleichbehandlung im „Konzert" der Städte. Die ratsinternen Auseinandersetzungen um den Antrag auf Stadtwerdung waren bei der Aushändigung der Urkunde an Bürgermeister Wagener allerdings längst vergessen.

Im März 1960 ging Otto Schwarz in den Ruhestand. Ein Jahr danach, am 22. Mai 1961, ehrte ihn die Stadt Langenhagen mit der Verleihung der Ehrenbürgerschaft. Es war die Auszeichnung für sein erfolgreiches Wirken für die Stadt und ihre Bürgerinnen und Bürger. Die große Aufbauleistung in den fünfziger Jahren zeugt heute noch von seinem unermüdlichen Einsatz.

Otto Schwarz verstarb am 01. April 1967 im Alter von nahezu 72 Jahren.

Karl Schönemann: Er gehörte zu den Personen, die sich Zeit ihres Lebens als Gewerkschafter und Mitglied einer Partei auf unterschiedlichsten Ebenen für die Belange ihrer Mitmenschen einsetzten. Karl Schönemann wurde am 28. Januar 1895 in Crimderode (heute ein Stadtteil von Nordhausen) im Harz geboren. Er lernte nach seinem Schulabschluss den Beruf des Tapetendruckers. 1923 heiratete er; das Ehepaar zog 1927 nach Langenhagen. Vermutlich war die Wahl des neuen Wohnsitzes durch ein Familienmitglied beeinflusst, das bereits als Tapetendrucker bei der NORTA, der Norddeutschen Tapetenfabrik, beschäftigt war. Dort arbeitete Schönemann dann als Maschinenführer. Bereits als Siebzehnjähriger trat Schönemann als Lehrling der Gewerkschaft und der SPD bei. Nach dem Wohnortswechsel nach Langenhagen wurde Karl Schönemann im Herbst 1929 in den Gemeindeausschuss von Langenhagen gewählt und engagierte sich dort vordringlich im Ausschuss der Berufsschule und im Fürsorgeausschuss. Im Frühjahr 1933 erhielt Schönemann ein Mandat im Kreistag Hannover-Land. Kurz nach dieser Wahl wurde er als Sozialdemokrat aus seinen politischen Ämtern entfernt, verhaftet und fand erst Ende 1934 eine neue Arbeitsstelle.

Gleich zu Kriegsbeginn wurde Karl Schönemann eingezogen und kam später in amerikanische Kriegsgefangenschaft. Nach der Entlassung aus der Gefangenschaft kehrte Schönemann nach Langenhagen zurück und wurde hier 1945 zum Bürgermeister berufen. Dieses Amt übte er bis zu seiner Ernennung zum Landrat des Kreises Hannover-Land im Jahr 1946 aus.

Zunächst noch von der britischen Militärverwaltung als Landrat berufen, wurde Schönemann in dieser Funktion über seine zwanzigjährige Zugehörigkeit zum Kreistag stets mit großer Mehrheit in diese Funktion gewählt.

Sowohl in seiner Eigenschaft als Bürgermeister als auch in seiner Funktion als Landrat widmete sich Schönemann in erster Linie der Integration der Flüchtlinge und dem beginnenden Wiederaufbau. Als Landrat argumentierte er stets zielorientiert, wirkte ausgleichend und parteiübergreifend loyal.

Karl Schönemann

Karl Schönemann übernahm zahlreiche weitere Ehrenämter, unter anderem war er Aufsichtsratsvorsitzender der Gemeinnützigen Kreis-Wohnungs- und Siedlungsgesellschaft, Vizepräsident des Deutschen Landkreistages, Vorsitzender des Niedersächsischen Landkreistages und Mitglied in Gremien der Arbeitsverwaltung.

In Würdigung seiner Verdienste verlieh ihm die Stadt Langenhagen am 14. Dezember 1964 die Ehrenbürgerwürde. Er wurde ferner mit dem Bundesverdienstkreuz 1. Klasse geehrt. Anlässlich seiner zwanzigjährigen Tätigkeit als Landrat verlieh der Niedersächsische Ministerpräsident ihm das Große Verdienstkreuz des Niedersächsischen Verdienstordens. Weitere Auszeichnungen für sein ehrenamtliches Wirken wären hier noch anzufügen.

Karl Schönemann verlebte seinen Ruhestand in Langenhagen, wo er am 17. Mai 1977 verstarb. Seine letzte Ruhestätte fand er auf dem Friedhof an der Grenzheide.

August Wagener kam 1935 mit seiner Familie nach Langenhagen. Als gelernter Schlosser war er hier bei der Firma Rüter-Stahlbau beschäftigt und bei diesem Unternehmen zum Werkmeister aufgestiegen.

Am 22. Februar 1899 in Linden (heute Hannover-Linden) geboren, war der gebürtige Niedersachse als gradlinig und korrekt bekannt. Seine einfache, schnörkellose Sprache brachte die Dinge sofort auf den Punkt; herumgeredet wurde nicht.

1953 übernahm August Wagener das Bürgermeisteramt von Adolf Volmer. Bei seiner Wahl hatte Langenhagen nach erster Aufbautätigkeit 15.500 Einwohner. Am Ende von Wageners Amtsperiode 1969 war die Einwohnerzahl auf ca.

33.000 angewachsen; sie hatte sich verdoppelt. Hiermit war eine gewaltige Aufbauleistung verbunden.

August Wagener

Wer August Wagener persönlich erlebt hat, dem ist seine souveräne Amtsführung als Ratsvorsitzender in lebhafter Erinnerung. Die Glocke schwingend, mahnte er zu Ordnung und Ruhe, wenn den Ratsmitgliedern in ihrer Argumentation die Gäule durchgingen. Mit einfachen, mahnenden Worten gelang es ihm immer wieder eine sachliche Atmosphäre herzustellen.

Wahrlich ein stolzer Tag im Leben von August Wagener.

Die Goldschmiedemeister aus Hildesheim, Theodor Blume und sein Sohn, überreichen Wagener 1965 die von der Stadt Langenhagen in Auftrag gegebene Bürgermeisterkette.

Das sicherlich größte Ereignis in August Wageners Amtszeit war die Erhebung der Gemeinde zur Stadt.

Wer erinnert sich noch an die turbulenten Aufbaujahre der Gemeinde und Stadt in den fünfziger- und sechziger Jahren? Jeden Tag veränderte sich das Ortsbild durch die enormen Bauaktivitäten. Auf dem Weg dorthin gab es bezüglich der Entwicklungsstrategien und deren Umsetzungen konträre Ansichten zwischen der Ratsmehrheit und der Opposition. Es wurde teilweise nicht mehr sachlich und zielorientiert diskutiert und endete häufig in ideologischen Ränkespielen.

Man stritt nicht nur in den Ratsversammlungen, sondern argumentierte in Flugblättern und Streitschriften. So entwarf die SPD ein „Schwarzbuch", mit dem sie die CDU attackierte und diese wiederum konterte mit einem „Rotbuch" gegen die SPD, wo dieser Kumpanei und die Bevorzugung von Genossen bei Auftragsvergaben und Postenbesetzungen vorgeworfen wurde.

Solche Auseinandersetzungen vergifteten die Atmosphäre im Rat mit der Folge stundenlanger Streitgespräche.

Solche Dispute interessierten auch die Bürger, die hautnah miterleben wollten, wie unter solchen Umständen Ratsentscheidungen getroffen wurden. Die Zuhörerreihen waren so dicht gedrängt, dass sich die Verwaltung entschloss, Zutritt zur öffentlichen Ratssitzung nur gegen Eintrittskarten zu gewähren. Diese Karten holte man sich beim Pförtner im Rathaus am Langenforther Platz. Die Ratssitzungen selbst wurden in der kleinen Aula der Sonderschule abgehalten, die auf dem Schulhof der Brinker Schule stand.

Wer in diesen Situationen August Wagener persönlich erlebt hat, war immer wieder davon angetan, wie er als Bürgermeister die Sitzungen leitete. Bei ihm wurden keine Tiefschläge unterhalb der Gürtellinie geduldet. Gingen den Rednern die Gäule durch, halfen seine Blickkontakte und kurze, knappe Ermahnungen reichten, um die Wogen zu glätten. In kritischen Fällen schwang er vehement die Ratsglocke, mahnte zu Ruhe und Ordnung und stellte so wieder eine sachliche Atmosphäre her.

Genau zehn Jahre nach der Stadtwerdung, am 01. März 1966 wurde August Wagener für seine Verdienste zum Wohle der Stadt mit der Verleihung der Ehrenbürgerwürde ausgezeichnet. Als weitere Auszeichnungen erhielt er das Bundesverdienstkreuz 1. Klasse und das Große Verdienstkreuz des Niedersächsischen Verdienstordens.

Bei den Einwohnern beliebt, hatte August Wagener zahlreiche Freunde in den vielen Vereinen, denen er angehörte.

Am 29. August 1978 verstarb August Wagener im Alter von 79 Jahren in seinem Heimatort Langenhagen.

Albert Fichte wurde am 28. April 1894 in Duisburg geboren. Von dort zogen seine Eltern 1911 mit ihm nach Godshorn. Ein Jahr später begann Fichte eine Lehre als Offsetdrucker und trat der Gewerkschaft bei. 1920 wurde er Mitglied der Sozialdemokratischen Partei Deutschlands.

Wohnhaft in Godshorn, wurde er 1929 in den Gemeindeausschuss gewählt und nach vier Jahren von den Nationalsozialisten von der weiteren Mitarbeit ausgeschlossen.

Albert Fichte

Nach Kriegsende stellte sich Albert Fichte sofort wieder als Ehrenamtlicher auf politischer Ebene zur Verfügung und wurde 1946 von der britischen Militärverwaltung zum Gemeindeausschussmitglied ernannt. Danach gehörte er als Ratsmitglied dem Godshorner Gemeinderat bis 1973 an.

Von 1948 bis 1968 war er zwanzig Jahre Bürgermeister der Gemeinde Godshorn und führte die Gemeinde durch die schwierige Aufbauphase des Ortes. In diese Zeit fällt auch seine Mitbegründung der Arbeiterwohlfahrt in Godshorn.

Anlässlich der Verleihung des Bundesverdienstkreuzes an Albert Fichte am 23.09. 1968 versammelten sich die Godshorner Honoratioren vor dem Eingang der Gemeindeverwaltung

Für seine Verdienste um die Gemeinde Godshorn wurde August Fichte mehrfach geehrt. 1968 erhielt er das Bundesverdienstkreuz für seinen vierzigjährigen Einsatz im Dienste der Gemeinde.

Als Krönung von Albert Fichtes Lebenswerk verlieh ihm der Rat der Gemeinde Godshorn am 28. April 1973 die Ehrenbürgerschaft. Für seine Unterstützung der Arbeiterwohlfahrt benannte die Ortsgruppe ihre Begegnungsstätte „Unter den Eichen" nach ihm.

Albert Fichte starb hochbetagt am 10. Juni 1986 im Alter von 94 Jahren.

Alfred Oellerich wurde am 27. November 1902 in Koblenz geboren, er kam 1920 mit seinen Eltern nach Krähenwinkel. Als gelernter Buchdrucker engagierte er sich in der Sozialdemokratischen Partei Deutschland, war aktiver Fußballer, Mitglied im Gemischten Chor des Arbeitervereins und einer der Mitbegründer des späteren Krähenwinkeler Gesangvereins Harmonie.

1925 heiratete er die Krähenwinkelerin Elise Mellentin und wurde 1929 in die Gemeindevertretung gewählt. Bereits nach vier Jahren wurde er von den Nationalsozialisten ausgeschlossen.

Er geriet wegen seines politischen Engagements in jahrelange Arbeitslosigkeit. Heimlich versteckte er das Protokollbuch der Gemeinde Krähenwinkel, in dem er seit 1929 als Protokollant den Inhalt der Gemeindeausschusssitzungen festgehalten hatte. Mit weiteren Dokumenten der SPD, des Gesangvereins und des Arbeitersportvereins deponierte er die Unterlagen auf seinem Dachboden.

Alfred Oellerich

Nach Kriegsende widmete er sich dem Aufbau der Gemeinde Krähenwinkel. 1950 druckte er im Betrieb *Frommeyer und Jacob* die ersten Ausgaben des Dorfboten, dem späteren Langenhagener Echo.

Von 1948 bis 1953 und von 1955 bis 1961 war Alfred Oellerich Bürgermeister der Gemeinde Krähenwinkel. Dem Gemeinderat gehörte er bis 1972 als Beigeordneter an. Neben seiner Tätigkeit als Schöffe war er viele Jahre Mitglied des Kreistages.

1967 wurde die Lebensleistung von Alfred Oellerich mit der Verleihung des Bundesverdienstkreuzes gewürdigt. Am 07. September 1973 ernannte ihn, den ehemaligen Bürgermeister, die damals noch selbständige Gemeinde Krähenwinkel zum ihrem Ehrenbürger.

Alfred Oellerich, ein Mann mit Pflichtbewusstsein und Charakterstärke, verstarb am 24. Februar 1977 im Alter von 74 Jahren.

Bertha Schneider, geborene Wittopp, war ein echtes Langenhagener Kind. Hier wurde sie am Neujahrstag 1915 geboren. Nach ihrer Schulzeit in der Volksschule an der Kananoher Straße, der heutigen Niedersachsenstraße, machte sie eine Lehre als Buchhalterin und arbeitete als Kontoristin bei der Langenhagener Firma Röder-Gewächshausbau von Arthur und Ernst Jagau.

Bertha Schneider ließ sich zur Rot-Kreuz-Schwester ausbilden und engagierte sich ab 1936 im Ortsverein des Deutschen Roten Kreuzes. Hier war sie ehrenamtlich tätig, eine Aufgabe, die sie übrigens bis zu ihrem Tode wahrnahm.

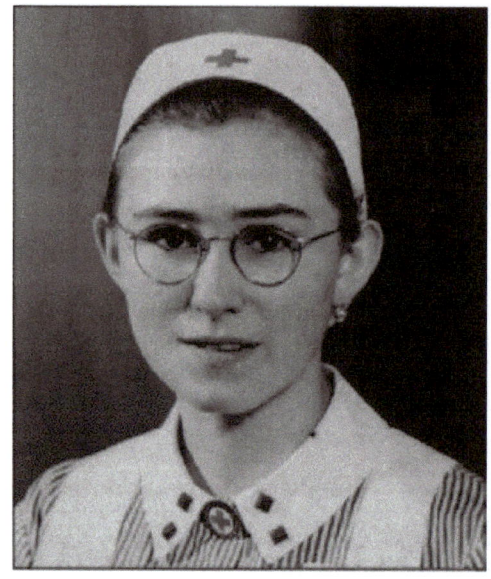

Bertha Schneider
als Rot-Kreuz-Schwester 1938

1951 bis 1952 war Bertha Schneider für die CDU Mitglied im Gemeinderat. Neben der späteren Ehrenbürgerin Martha Korell war sie die zweite Frau im Rat. 1956 erneut gewählt, behielt sie das Ratsmandat bis 1981. Von 1961 bis 1981, ihrem Ausscheiden aus dem Stadtrat, war sie zugleich stellvertretende Bürgermeisterin.

Sie kümmerte sich um Flüchtlinge, organisierte einen Kinderspielkreis, später ging es um ältere Menschen, für die sie eine Altentagesstätte ins Leben rief. Sie baute die Sozialstation mit auf.

Durch ihr ehrenamtliches Engagement als Ortsvereinsvorsitzende des Deutschen Roten Kreuzes war sie im Ort bekannt. So betrachtete sie es auch als eine soziale Verpflichtung, sich auf politischer Ebene für ihre Mitbürger einzusetzen.

Von den am Ende der 50er Jahre insgesamt 23 Ratsmitgliedern waren es nur zwei weibliche Mitglieder, wie oben bereits ausgeführt; der Rat war somit eine fast reine Männerdomäne. Wenn sich allerdings mancher Ratsherr zu einer

Rede anschickte und sich vorher noch einmal kräftig räusperte, hatte Bertha Schneider schon das Wort ergriffen und ließ sich dann auch durch den Ratsvorsitzenden kaum bremsen. So war sie, direkt, ohne Umschweife kam sie auf den Punkt.

Bertha Schneider als Ratsfrau

In diesem Zusammenhang sei allerdings auch erwähnt, dass die Frauenquote im Rat in den Folgejahren stetig zunahm. 1996 waren von insgesamt 41 Ratsmitgliedern 18 Frauen gewählt worden, 2011 gab es sogar 19 weibliche Ratsmitglieder.

20 Jahre, von 1964 bis 1984, gehörte Bertha Schneider dem Kreistag Hannover-Land an, wo sie sich, wie schon vor Ort, überwiegend um soziale Fragen kümmerte.

Für ihr ehrenamtliches Engagement in den unterschiedlichsten Bereichen wurde sie in vielen Vereinen und Verbänden zum Ehrenmitglied ernannt.

Am 04. Mai 1981 würdigte der Rat die Lebensleistung von Bertha Schneider mit der Verleihung der Ehrenbürgerschaft der Stadt Langenhagen.

Bertha Schneider wurde darüber hinaus mit dem Bundesverdienstkreuz 1. Klasse, mit der Goldenen Ehrennadel des Landkreises Hannover und der Goldenen Ehrennadel des Deutschen Roten Kreuzes ausgezeichnet.

Hochverehrt verstarb Bertha Schneider am 09. August 1999.

Martha Korell wurde am 23. September 1898 in der Stadt Margonin in der preußischen Provinz Posen geboren. Sie war das vierte Kind der Familie von insgesamt neun Geschwistern. Nach dem I. Weltkrieg wurde die Heimat von Martha Korell dem polnischen Staat zugeschlagen. Wer als Deutscher nicht für Polen optierte, das heißt, sich entschied, polnischer Staatsbürger zu werden, musste das Land verlassen. Hunderttausende machten sich auf den Weg nach Westen.

Martha Korell war allerdings schon 1915 nach Berlin gegangen und erlebte dort die Hungersnöte im I. Weltkrieg und danach. 1917 lernte sie in Berlin ihren späteren Ehemann Max kennen. Beide zogen 1920 zu Verwandten nach Misburg bei Hannover.

In ihren Lebenserinnerungen, die Martha Korell 95jährig noch 5 Monate vor ihrem Tod handschriftlich verfasste, beschrieb sie, wie schwierig es für eine Frau war, sich politisch zu betätigen. Zwar brachte die Weimarer Verfassung für Frauen das aktive und passive Wahlrecht. Es wurde aber erwartet, dass Frauen, zumal wenn sie Familie und Kinder hatten, sich um Kinder und Haushalt kümmerten. Politik sollte den Männern vorbehalten bleiben. Wie Martha Korell ausführte, gehörte Zeit und Mut dazu und was heute als selbstverständlich gilt, mussten sich Frauen damals erkämpfen. Hier ein Ausschnitt aus ihrem Bericht zu dieser Situation:

> Das war mein Leben!
> Wenn eine Frau vor 70 Jahren (1923)
> der Politik (S.P.D.) zur Verfügung
> gestellt hat, dann gehörte in dieser
> Zeit viel Mut dazu u. war auch eine
> große Belastung, wenn in der Familie
> Kinder zu betreuen waren.
> Was heute eine Selbstverständlichkeit
> ist, musste in dieser Zeit hart erkämpft
> werden, denn die Arbeit der Frau in der
> Politik wurde kaum anerkannt.

Früh der SPD beigetreten, engagierte sich Martha Korell bei der Arbeiterwohlfahrt in Misburg. Die Arbeiterwohlfahrt war 1919 als Selbsthilfeorganisation der SPD gegründet worden, öffnete sich allerdings bald auch für andere bedürftige Menschen. Die AWO bestand zunächst in Hannover nur auf Kreisebene. Um vor Ort näher bei den Bedürftigen zu sein und helfen zu können, wurden Ortsverbände gegründet, so auch in Misburg. Im Ortsvorstand übernahm Martha Korell das Amt der Kassiererin und half bei den vielfältigen Aktivitäten der Ortsgruppe, organisierte Freizeitmaßnahmen und finanzielle Unterstützungen für Notleidende.

1931 zogen Martha und ihr Ehemann Max mit ihren beiden Kindern nach Langenhagen. Mit ihren Erfahrungen im Aufbau einer Ortsgruppe der AWO in Misburg, gründete Martha Korell die Langenhagener Ortsgruppe. Diese Aufbauarbeit währte allerdings nur kurz, denn 1933 wurde die Arbeiterwohlfahrt von den Nationalsozialisten verboten.

> 1931 zogen wir aus beruflicher Gründen
> meines Mannes nach Langenhagen.
> Auch hier gründete ich als erstes die
> Arbeiterwohlfahrt. Es stellten sich hier
> einige Frauen zur Verfügung u.
> wir setzten unsere Arbeit, wie in
> Misburg fort, mit einer Nähstube
> u. Kinderwanderungen auch ganztags.
> Die Arbeitslosigkeit nahm schreckliche
> Folgen an u. trieb die Jugend in die
> Hände der Nazis
> Die Folge war das 1933 nach einer
> Wahl, Hitler ans Ruder kam und
> sämtliche Arbeiterorganisationen verboten
> wurden nein nicht nur verboten sondern
> all ihrer Einrichtungen beraubt u.
> ihr Vermögen beschlagnahmt

Noch einmal hierzu eine Aussage aus Martha Korells Erinnerungen

Sofort nach Kriegsende stellte sich Martha Korell wieder zu Verfügung. 1945 wurde sie zum Gemeinderatsmitglied berufen und arbeitete in der Flüchtlingshilfe. Ein Dach über dem Kopf zu organisieren, Lebensmittelbeschaffung, Kleidung zu besorgen, medizinische Versorgung sicher zu stellen, das waren die dringendsten Aufgaben der ehrenamtlich Tätigen im Verbund mit staatlichen Stellen, die sich aber auch erst neu aufstellen mussten.

1945 wurde Martha Korell Vorsitzende des Kreisverbandes der Arbeiterwohlfahrt. 1947 übernahm sie für die Arbeiterwohlfahrt vom Landkreis Hannover das Kinderheim „Hohe Warte" am Deister.

Nachdem Martha Korell ab 1948 eine Ratspause eingelegt hatte, wurde sie 1956 wieder gewählt und behielt das Mandat bis 1964. Von 1950 bis 1968 war sie zudem Kreistagsabgeordnete im Landkreis Hannover-Land.

Was einem persönlich an Martha Korell auffiel und warum sie so beliebt war, war ihr bescheidenes Auftreten. Sie handelte und verlor darüber keine großen Worte.

Ihr soziales Engagement wurde vielfach gewürdigt. Für die Aufbauleistung erhielt sie 1955 das Bundesverdienstkreuz am Bande, für ihren unermüdlichen Einsatz bei der Arbeiterwohlfahrt bekam sie 1967 die Marie-Juchacz-Plakette, die höchste Auszeichnung, die die AWO zu vergeben hat. 1968 ehrte sie der Landkreis Hannover mit der Verleihung der Goldenen Ehrennadel.

Martha Korell

Mit Beschluss vom 22. August 1988 würdigte der Rat der Stadt Langenhagen Martha Korell mit der Verleihung der Ehrenbürgerschaft.

Martha Korell verstarb am 30. November 1993. Noch wenige Monate vor ihrem Tode wurde sie vom Vorstand der Sozialdemokratischen Partei Deutschland für ihre siebzigjährige Mitgliedschaft in der SPD ausgezeichnet.

Walter Bettges wurde am 07. Mai 1927 in Duisburg - Meiderich geboren. Als Abiturient wurde Walter Bettges noch zur Wehrmacht eingezogen. Kurz vor

Kriegsende wurde er schwer verletzt und verlor ein Bein. Nach dem Abitur studierte Bettges Jura und trat 1962 in die niedersächsische Finanzverwaltung ein und wurde später Finanzrichter. Im gleichen Jahr zog Bettges mit seiner Familie nach Langenhagen. Hier engagierte er sich parteipolitisch in der SPD, wurde zum 1. Vorsitzenden auf örtlicher Parteiebene gewählt und zog 1968 für die SPD in den Stadtrat ein.

Walter Bettges

Ein Jahr später, mit dem Ausscheiden von August Wagener aus dem Bürgermeisteramt, wurde Walter Bettges als dessen Nachfolger gewählt.

Sehr schnell gewann Bettges in diesem Amt an Popularität, er war rhetorisch gewandt, ausgleichend und zielstrebig.

Ende der sechziger Jahre, als es um erste Ansätze einer Neuordnung der Gemeinden und Kreise im Raum Hannover ging, setzte er sich zusammen mit politischen Weggefährten, aber auch mit Kolleginnen und Kollegen der Ratsopposition für den Erhalt der kommunalen Selbstverwaltung der Stadt Langenhagen ein.

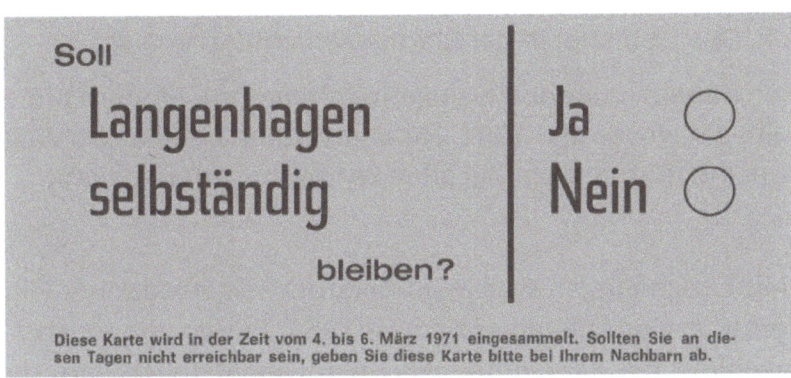

Der Stimmzettel, mit dem in der Zeit vom 04. bis zum 06. März 1971 Langenhagener Bürgerinnen und Bürger für den Erhalt der Selbständigkeit ihrer Stadt abstimmen konnten.

Das überwältigende Ergebnis von weit über 90 Prozent Ja-Stimmen nahm Walter Bettges als Auftrag mit in die politischen Beratungen auf Landesebene, als er 1972 als Direktkandidat für den Wahlkreis Langenhagen in den Niedersächsischen Landtag einzog. Weil der Landtag vorzeitig aufgelöst worden war, gelang es seinem Wahlkreisvorgänger Dr. Georg Folz (CDU) nicht, mit der Einbringung eines „Langenhagen Gesetzes" Langenhagens Selbständigkeit zu sichern. Dafür engagierte sich jetzt Walter Bettges.

Mit kluger Argumentation überzeugte er kritische Abgeordnete. Es ist mit sein Verdienst, dass der Landtag dann am 11. Februar 1974 das *Gesetz über die Neugliederung des Raumes Hannover* verabschiedete. Tage zuvor hatten sich die Gemeinden Engelbostel, Schulenburg, Godshorn, Kaltenweide, Krähenwinkel und die Stadt Langenhagen in einem Gebietsänderungsvertrag zur nun größeren Stadt Langenhagen zusammengeschlossen.

In weiteren politischen Funktionen war Bettges Mitglied in der Verbandsversammlung des Zweckverbandes Großraum Hannover von 1969 bis 1976 und im Kreistag ab 1981.

Mit der Berufung zum Vizepräsidenten des Finanzgerichts Hannover legte Walter Bettges sein Landtagsmandat nieder. Von 1976 an, zunächst als stellvertretender Richter, ab 1979 als ordentliches Mitglied, gehörte Bettges dem Niedersächsischen Staatsgerichtshof in Bückeburg an.

Auf vielen Auslandsreisen des Langenhagener Blasorchesters gehörte er zu deren Begleitung. Er moderierte diplomatisch geschickt die Auftritte und knüpfte Kontakte zu den örtlichen Repräsentanten.

Bettges war Mitglied in mehreren Vereinen, besonders aber war er dem Sport und insbesondere dem Sport Club Langenhagen, dem SCL, zugetan. Wegen seiner Verdienste in diesem Bereich benannte der Stadtrat im Jahr 1995 den A- Platz im Sportzentrum I an der Leibnizstraße als *„Walter-Bettges-Stadion"*.

1989 wurde Walter Bettges mit dem Bundesverdienstkreuz 1. Klasse geehrt. Mit Ausscheiden aus dem Rat verlieh ihm der Rat der Stadt Langenhagen am 21. Oktober 1991 die Ehrenbürgerwürde, gemeinsam mit seinem Amtsnachfolger Josef Billerbeck. Das ist bisher in der Stadtgeschichte einmalig.

Walter Bettges blieben danach nur noch wenige Tage vergönnt. Er starb plötzlich und unerwartet am 11. November 1991. Nicht nur seine politischen Weggefährten trauerten um ihn. Bettges war bei allen Langenhagenern beliebt.

Josef Billerbeck: Mit Langenhagen war Josef Billerbeck in zweifacher Hinsicht verbunden. Hierher zog er mit seiner Familie 1956. Er war von da ab 17 Jahre lang als Bauingenieur bei der Deutschen Bahn Dienststellenleiter der Bahnmeisterei Langenhagen. Als Billerbeck am 27. Dezember 1918 im ostwestfälischen Ottbergen geboren wurde, stand noch in den Sternen, dass aus ihm einmal ein Niedersachse würde.

Von 1940 bis Kriegsende Offizier bei den Pionieren, geriet er vor Kriegsende in italienische Gefangenschaft. Hier lernte er Italienisch.

1961 für die CDU in den Stadtrat gewählt, behielt Josef Billerbeck das Ratsmandat bis 1991. Als Vorsitzender der CDU-Ratsfraktion war Billerbeck auf Ausgleich bedacht.

Josef Billerbeck

Es war eine Phase, in der die großen Projekte der Stadt Langenhagen, vor allem Planung und Bau eines Zentrums für die junge Stadt, von einer breiten Ratsmehrheit getragen wurden. Die Repräsentanten der Fraktionen, so auch Josef Billerbeck, hatten an diesem Einvernehmen einen entscheidenden Anteil.

1981 löste Josef Billerbeck auf Grund geänderter Mehrheitsverhältnisse im Stadtrat seinen Amtsvorgänger Walter Bettges im Amt des Bürgermeisters ab.

Am 29. Juni 1985 stellt Bürgermeister Billerbeck unter großer Beteiligung von Behördenvertretern und der Bevölkerung die Ampel zur Einweihung der Trogstrecke B 522 von „rot" auf „grün"

Ein besonderes Anliegen war für Billerbeck in der Zeit seiner Amtsführung als Bürgermeister der Kontakt zu den Bundeswehrsoldaten am Standort Langenhagen. Die Soldaten sollten sich als ein Teil der Bürgerschaft begreifen. Vereine und Verbände waren für eine Mitgliedschaft der Bundeswehrangehörigen offen. Für diese Kontaktpflege wurde Billerbeck von der Bundeswehr 1986 mit dem goldenen Ehrenkreuz ausgezeichnet.

Billerbeck erhielt in Würdigung seiner Verdienste um die Stadt Langenhagen und seine Mitbürger das Bundesverdienstkreuz und wurde gemeinsam mit Walter Bettges am 21. Oktober 1991 mit der Verleihung der Ehrenbürgerwürde ausgezeichnet.

Nach dem Ausscheiden aus dem Rat blieb Josef Billerbeck seiner Wahlheimat Langenhagen treu. Häufig traf man ihn und seine Frau Maria bei den täglichen Spaziergängen im Stadtpark. Beide waren dann immer für einen Gedankenaustausch im Gespräch mit Bürgern zu haben.

Josef Billerbeck, der im II. Weltkrieg als Soldat in Italien eingesetzt war, hatte dort sein Interesse für den Süden und die südliche Lebensart entdeckt. Auf vielen Reisen dorthin genossen er und seine Ehefrau Menschen, Kultur und Landschaft.

Josef Billerbeck verstarb am 06. Dezember 2008 im Alter von 90 Jahren. Sein Grabstein, den seine Familie für ihn und seine Frau setzte, symbolisiert eine Brücke, erinnernd an den Beruf als Bauingenieur, aber auch an den menschlichen Brückenbauer Josef Billerbeck.

Waltraud Krückeberg wurde am 29. Mai 1931 in Rayschen - Kreis Wohlau in Schlesien geboren.

Nach der Flucht kam sie nach Gronau und machte dort ihren Realschulabschluss. Auf der Handelsschule ließ sie sich zur Bürokauffrau ausbilden und arbeitete in Gronau und Hannover als kaufmännische Angestellte.

1966 kam Waltraud Krückeberg, inzwischen verheiratet und Mutter zweier Kinder, nach Langenhagen. Auf ihre Initiative hin wurde der Verein „Lebenshilfe für geistig und mehrfach Behinderte, Langenhagen und Umgebung" gegründet. Seit 1975 war sie hauptberuflich bei der Gemeinnützigen Gesellschaft für Behindertenarbeit m. b. H. tätig.

1968 wurde Waltraud Krückeberg für die SPD in der Stadtrat gewählt. Von 1972 bis 1976 war sie dort Vorsitzende des Sozialausschusses.

Waltraud Krückeberg

Den sozialen Anliegen verpflichtet übernahm sie ehrenamtlich verschiedene Funktionen, so z. B. als Erste Vorsitzende der Lebenshilfe e. V.. Sie war unter anderem Mitinitiatorin des Sozialfonds „Langenhagener helfen Langenhagenern" und pflegte politische und kulturelle Kontakte zur Stadt Novo Mesto in Slowenien.

1986 löste sie Josef Billerbeck im Amt des Bürgermeisters ab. Bürgermeisterin blieb Waltraud Krückeberg bis 2001, als per Gesetz die sogenannte Zweigleisigkeit der Verwaltungsspitze mit Bürgermeister und Stadtdirektor aufgehoben wurde. Gemeinsam gingen Waltraud Krückeberg und Stadtdirektor Professor Dr. Rosenzweig in die „politische Rente".

Während ihrer aktiven Zeit als Bürgermeisterin und Person des öffentlichen Lebens war Waltraud Krückeberg überaus beliebt. Jederzeit ansprechbar hatte sie für jeden ein offenes Ohr. Wenn man sie auf der Straße oder bei Veranstaltungen traf, war sie für jeden Gedankenaustausch zu haben. Sehr schnell kam dann ihr soziales Gewissen zum Vorschein, das sie ihr Leben lang begleitete und antrieb.

Am 29. April 1988 fährt erstmals seit 51 Jahren wieder eine Straßenbahn in die Walsroder Straße, wenn auch nur in einem ersten Teilstück bis zur Einmündung der Hindenburgstraße. Waltraud Krückeberg verlässt gerade die Bahn, die sie, aus Wiesenau kommend, bis zur vorläufigen Endstation „Berliner Platz "steuerte.

Im November 1988 wurde Waltraud Krückeberg für ihr soziales Engagement und ihre politische Mitwirkung mit dem Bundesverdienstkreuz ausgezeichnet.

Die Stadt Langenhagen würdigte die Lebensleistung von Waltraud Krückeberg im November 2001 mit der Verleihung der Ehrenbürgerschaft. Bei der Feier im Ratssaal trug sich Waltrud Krückeberg in das Goldene Buch der Stadt Langenhagen ein.

Lothar Schuldt, gebürtiger Ostpreuße, erblickte am 29. September 1925 das Licht der Welt. Noch nicht einmal zwanzig Jahre alt, wurde er zum Kriegsdienst einberufen. Schwer verletzt kam er aus dem II. Weltkrieg zurück.

Beruflich war Lothar Schuldt beim Reichsbund in Hannover in führender Position tätig. Er war Mitinitiator der „Kurt-Schumacher-Siedlung" in Langenhagen im Bereich der Kurt-Schumacher-Allee und der Hindenburgstraße.

In diesem Quartier entstanden in den 1960er Jahren Sozialwohnungen, die heute von Meravis als Nachfolger der Reichsbund-Wohnungsbau-Gesellschaft verwaltet werden.

1968 wurde Lothar Schuldt Ratsmitglied und über viele Jahre Vorsitzender des Sozialausschusses.

Als Kriegsversehrter engagierte er sich im Behindertensport. Er leitete jahrzehntelang als erster Vorsitzender die Ortsgruppe des Reichsbundes - heute Sozialverband Deutschland - in Langenhagen.

Lothar Schuldt

Als Vorsitzender der Ortsgruppe des Reichsbundes bewies sich Schuldt als engagierter Organisator von Gruppenreisen. So führte er seine Mitglieder zunächst wiederholt in deren Heimat Ostpreußen. Nach und nach kamen andere Reiseziele in sein Programm. Mitreisende erzählen noch heute begeistert von Schuldts Organisationstalent, als Erzähler und bester Organisator. Mit launigen Sprüchen und Erzählungen fesselte er seine Reisegruppen.

Sowohl beruflich als auch in ehrenamtlichem Wirken hat sich Lothar Schuldt stets der sozialen Sache verpflichtet gefühlt. Während seiner Ratsmitgliedschaft setzte er sich für den sozialen Wohnungsbau, den Bau von Kindergärten und Schulen, die Einrichtung von Altenbegegnungsstätten und für das barrierefreie Bauen ein. Zuhörer bei Ratssitzungen erinnern sich noch an sarkastische Bemerkungen Schuldts, wenn bei Straßenerneuerungen Bordsteinabsenkungen für behinderte Mitbürger nicht berücksichtigt und Verbesserungen nötig wurden. Für seine kräftige Stimme benötigte er kein Mikrofon.

Freizeit für die Familie war bei Lothar Schuldt rar gesät, denn neben dem Ratsmandat nahm er viele Ehrenämter war, engagierte sich in Vereinen und Verbänden.

Für sein ehrenamtliches und politisches Wirken wurde Lothar Schuldt mit dem Bundesverdienstkreuz 1. Klasse geehrt. Der Rat der Stadt Langenhagen ehrte ihn mit der Verleihung der Ehrenbürgerwürde am 02. März 2011.

Nur drei Jahre später verstarb Lothar Schuldt am 12. Januar 2014 im Alter von 88 Jahren.

Ernst Müller: Wohl kein anderer Langenhagener hat den Namen und den Ruf seiner Heimatstadt so weit in die Welt hinaus getragen wie Ernst Müller. Er, der am 23. Februar 1939 in Hannover geboren wurde, lernte schon in seiner Kindheit zunächst Violine und dann Trompete spielen. Bereits mit 16 Jahren dirigierte Müller die Feuerwehrkapelle in Godshorn.

Von 1956 bis 1961 studierte Ernst Müller an der Hochschule für Musik und Theater in Hannover. In diese Zeit fällt 1958 die Gründung des Blasorchesters Langenhagen, mit dem er als Orchesterleiter, Dirigent und Organisator weltweit unterwegs war. Ernst Müller und sein Langenhagener Blasorchester waren das Aushängeschild der Stadt Langenhagen.

Ernst Müller

Von 1961 bis 1969 wirkte Müller gleichzeitig als Solo-Bassist am Thalia Theater in Hannover.

Neben dem Langenhagener Blasorchester leitete Ernst Müller weitere Orchester, so das Werksorchester der Volkswagenwerk AG, das städtische Berufsfeuerwehr-Musikkorps Hannover, das Jugendblasorchester Hannover und ab 1998 das Hausorchester des Prinzen von Hannover oder die Langenhagener Symphoniker.

Auf den weltweiten Reisen wurde das Blasorchester der Stadt Langenhagen häufig von offiziellen Vertretern der Stadt begleitet. Wir erinnern uns an die Moderationen der Auftritte, die unter anderem auch der damalige Bürgermeister Bettges oder später Stadtdirektor Rosenzweig übernahmen.

Als echtes „Kind" der Stadt begleitete das Blasorchester viele Veranstaltungen und Benefizkonzerte in der Stadt Langenhagen selbst, aber auch in der Nachbarschaft. Das Orchester spielte zur Unterstützung des Deutschen Roten Kreuzes, der Arbeiterwohlfahrt oder zugunsten der Weihnachtshilfe der Hannoverschen Allgemeinen Zeitung.

Beliebt bei den Zuhörern waren auch die Konzerte, die Ernst Müller zusammen mit anderen Künstlern gab, wie zum Beispiel die Auftritte gemeinsam mit dem Kammersänger Hans-Dieter Bader.

Ein großer Anteil des Musikschaffens von Ernst Müller mit seinen Orchestern, ob im Marschrhythmus oder als konzertante Musik, ist auf Tonträgern, wie Schallplatten oder Compact-Discs aufgenommen worden. In einigen Fällen gab es sogar goldene oder silberne Schallplatten, was auf den Beliebtheitsgrad und die große Verbreitung von Müllers Musikdarbietungen hinweist.

Von Reisen ins Ausland kam das Orchester mit vielen Auszeichnungen ihres Leiters Ernst Müller zurück. Sie zeugen von internationaler Anerkennung. Musik im Einsatz der Diplomatie überwindet Grenzen mit Leichtigkeit und verbindet die Menschen weltumspannend mit der Sprache der Musik.

Menschliche Begegnungen lagen Ernst Müller immer besonders am Herzen und dazu gab es bei vielen Reisen und Auftritten des Langenhagener Blasorchesters häufig Gelegenheiten.

Im Rahmen der Tournee durch Südafrika dirigierte er vor rund tausend jungen Leuten. Im Verlauf des Konzerts bemerkte er ein Mädchen in der Nähe der Bühne. Sie hatte sich, von der gebotenen Musik absolut begeistert, nach vorne geschlichen und folgte seinem Dirigat mit passenden Gesten. So hat er diese Situation später beschrieben: *„Ich machte eine Pause, ging zu dem kleinen Mädchen und gab ihm den Taktstock in die Hände. Sie schaute mich mit ihren großen Augen an, ihr Mund ging auf, sie atmete ergriffen ein, als hätte ein Fabelwesen ihr einen Zauberstab in die Hand gedrückt."*

Nun ist der Taktstock ist ein nahezu heiliger Gegenstand für Dirigenten. Das war für Ernst Müller hier aber nicht wichtig. Vielmehr dürfte er sich über den Enthusiasmus des Kindes gefreut haben. Beider Herzen dürften im Banne des Konzerts im gleichen

Takt geschlagen haben. Unser Musikdirektor wird sich wohl auch an eigene Jugendtage und seine Neigung zum Dirigieren erinnert haben. Da wollte er dem Mädchen sicher zeigen: Auch Du kannst mal ein Orchester leiten. Diese Ermutigung gefiel dem Publikum so sehr, dass tosender Beifall folgte.

Erst später bedachte Ernst Müller, welche weitergehende Aussage seine freundliche Geste bedeuten konnte. Mit der Wahl Nelson Mandelas 1994 war das menschenverachtende System der „Apartheid" erst zwei Jahre vor dem Konzert endgültig erledigt. Menschen - ungeachtet ihrer Hautfarbe - galten nun auch in Südafrika als gleich. Die freundliche Geste bekam damit auch politische Bedeutung. Damit gab ihr Urheber auch etwas von der Freude zurück, die er zuvor durch das immer enthusiastisch mitgehende Publikum im Lande erfahren hatte. Die Musik des Blasorchesters Langenhagen sprach „Alle Menschen werden Brüder".[6]

1998 wurde Ernst Müller der Verdienstorden der Bundesrepublik Deutschland verliehen. Der Niedersächsische Heimatbund ehrte Ernst Müller mit der

---

6 Der Beitrag über die Tournee durch Südafrika stammt von Hans-Jürgen Jagau

Verleihung des Cord-Borgentrick-Steins, womit die Heimatverbundenheit Ernst Müllers und seiner Orchester ausgezeichnet wurde.

Eine besondere Ehrung für den Langenhagener Ernst Müller war die Verleihung der Ehrenbürgerwürde durch den Rat der Stadt Langenhagen am 22. Februar 2019. Die Stadt zeichnete in ihm einen Dirigenten, Pädagogen und Diplomaten aus, der sich um die Stadt Langenhagen verdient gemacht und den Namen der Stadt in die Welt hinaus getragen hat.

Bei einem Abschiedskonzert in der Langenhagener Emmauskirche im Januar 2023 legte Ernst Müller den Taktstock aus der Hand. Allerdings ohne einen Taktstock kann man sich Ernst Müller gar nicht vorstellen.

Leider vergessen viele bedeutende Persönlichkeiten immer noch ihre spätere Hinterlassenschaft rechtzeitig zu ordnen und dafür zu sorgen, dass der Nachwelt wichtige Informationen oder persönliche Gegenstände aus ihrer Schaffensperiode erhalten bleiben.

Ernst Müller hat sich in dieser Frage anders entschieden. Wichtige Dokumente und Zeugnisse seines künstlerischen Schaffens hat er bereits dem Stadtarchiv Langenhagen übergeben. Hierzu gehören unter anderem eine komplette Dokumentation und Fotoserien von weltumspannenden Konzertreisen mit dem Langenhagener Blasorchester, Gedenkplaketten, goldene und silberne Schallplatten, Urkunden, Orden und Ehrenzeichen, sowie Ernst Müllers umfangreiche Partiturensammlung. Besondere Erinnerungsstücke sind zwei seiner Taktstöcke, die Ernst Müller über Jahrzehnte bei seinem Dirigat unterstützten.

So ist der spätere Nachlass Ernst Müllers als sogenannter „Vorlass" im Stadtarchiv Langenhagen sicher verwahrt, archiviert und so der interessierten Öffentlichkeit zugänglich.[7]

Joachim Vogler[8]

---

7 Archivalien zu Ernst Müller: Stadt Langenhagen/ C Sammlungen/ VN Vor- und Nachlässe/ NEM Vorlass/ Nachlass Ernst Müller

8 Diese Zusammenstellung wurde u. a. unter Nutzung von Informationen aus folgenden Quellen erstellt: Archivalien aus dem Stadtarchiv Langenhagen unter Signatur: Stadt A/LAN/ D/AEK/AE,
- dem Langenhagener Echo, Berichte und Familienanzeigen,
- dem Internetauftritt der Stadt Langenhagen unter www.langenhagen.de,
- aus Wikipedia,
- Aufsätze zur Heimatgeschichte der Stadt Langenhagen von Stadtheimatpfleger Hans-Jürgen Jagau,
- Broschüre „Frauen bewegen", Langenhagen- 2012,
- Festschrift „Ein Jahr Stadt Langenhagen- 1959-1960,
- Stadtmagazin Langenhagen, April 2012 „400 Jahre Krähenwinkel",
- eigenen Erlebnissen aus Gesprächen mit Ehrenbürgerinnen und Ehrenbürgern.

Menschen aus Langenhagen, die Besonderes geleistet haben

Wie schon im Vorwort zu lesen, folgt die Auswahl hier keinen besonderen Kriterien. Sie ist vielmehr der Übereinkunft in der Arbeitsgruppe geschuldet. Erweiterungen und Ergänzungen sollen zudem in späteren Ausgaben der von uns geplanten Lesebücher erscheinen.

Giesela Arnecke

„Deutschlands beste Voltigiertrainerin" — im Reit- und Fahrverein Hubertus[9] so titelte im Februar 1990 die Langenhagener Woche, nachdem Giesela Arnecke das Bundesverdienstkreuz am Bande des Bundesverdienstordens erhalten hatte.

Wer war diese außerordentlich erfolgreiche Trainerin?

Es ist wenig über die Person hinter diesen Erfolgen überliefert. Sie gehörte zum Jahrgang 1926, nach dem Abitur studierte sie Musik, mit dem Ziel Konzertgeigerin zu werden. Springreiten und Pferde waren nur ein Hobby. Sie und ihr Mann lebten in Goslar, sie war Mitglied des Reitvereins und 1956 übernahm sie das Training der Kinder und Jugendlichen. So wurden die Pferde zum Beruf und die Musik zur Freizeitbeschäftigung. Sie muss schon damals ein außerordentliches Gespür für Menschen und Tiere gehabt haben, denn nach zwei Jahren siegte die von ihr trainierte Voltigiermannschaft bei der deutschen Meisterschaft und 1961 wurde die Gruppe in die USA eingeladen. Per Luftfracht (damals etwas ganz Besonderes) wurden die Pferde nach Washington gebracht, so dass alle an der „Washington International Horse Show 1961" teilnehmen konnten.

1962 zog das Ehepaar Arnecke aus Goslar nach Hannover und der „Reit- und Fahrverein Hubertus" fragte, ob sie nicht eine neue Voltigiergruppe aufbauen wolle. In Krähenwinkel hatte das Voltigieren Tradition. Der Verein war 1927 gegründet worden und bereits 1929 bot der Landwirt Fritz Reßmeier Voltigierunterricht an. Geübt wurde auf einem geliehen, einäugigen Pferd. Offensichtlich gab es ausreichend finanzkräftige und engagierte Mitglieder, denn seit 1931 fanden die Trainingsstunden in der gemieteten Viehauktionshalle am Pferdemarkt statt und vor allem war ein eigenes Voltigierpferd gekauft worden. Mehrfach gewann diese Voltigiergruppe in den 30ger Jahren dörfliche Turniere in der Umgebung.

1947 wurde der Verein erneut gegründet, vier Jahre später kaufte der Verein

---

9 GLieM-Tafel Nr. 65 Reit-, Fahr- und Voltigierverein HUBERTUS Langenhagen e. V.

ein eigenes Voltigierpferd und wieder konnte der Kurs: „Turnen am lebenden Pferd" angeboten werden. Nach 26 Jahren gab Fritz Reßmeier 1955 sein Traineramt ab.

Ritterakademien und Universitäten hatten Voltigiermeister, es gab Literatur zu dem Thema, z.B. 1843 die „Anleitung zum Voltigieren auf dem lebendigen Pferd". 1920 war „Kunstreiten" Bestandteil der Olympiade in Antwerpen. Es gab Übungen am stehenden und auf dem galoppierenden Pferd, mit und ohne Sattel, Einzel- und Mannschaftswertungen.[10] Voltigieren war DIE Vorbereitung für spätere Reiterinnen und Reiter.

Giesela Arnecke wurde engagiert und sie blieb für 40 prägende Jahre. Zunächst dreimal wöchentlich unterrichtete sie Kinder und Jugendliche. Sie begann mit zwanzig interessierten Mädchen und Jungen und dem Pferd Lotti. Bereits 1964 gab es eine Abteilung mit mehr als 50 voltigierenden Kindern, 1970 waren es 70. Erste Turniere wurden besucht und von 1966 bis 1977 stellte die Jugendvoltigiergruppe den niedersächsischen Landesmeister. Auch an den deutschen Meisterschaften nahmen ihre Schülerinnen und Schüler teil und erreichten gute und sehr gute Platzierungen. Ein Höhepunkt waren die Olympischen Spiele in München 1972, dort durfte sich ihre Gruppe bei der Abschlussfeier präsentieren.

Medaille zur Deutschen Meisterschaft

In der Vereinschronik von 1984 wird festgehalten:

„1973 war wieder einmal ein Jahr der Voltigierer. Im Frühjahr wurden sie als 2. deutscher Verein für den 100. Sieg geehrt. Außerdem holten sich die beiden Gruppen bei 14 Wettkämpfen 19 Siege und 6 zweite Plätze. Erwähnt werden muss hier unbedingt noch einmal, dass die Eltern der Voltigierkinder sehr viel Interesse an dem Erfolg ihrer Kinder zeigen und dass einigen von ihnen ein großer Anteil des Erfolgs mit zu verdanken ist. Immer sorgten und sorgen sie für den Transport der Kinder und Voltigierpferde. „Ihrem unermüdlichen Einsatz gilt auch diesmal unser aufrechter Dank," sagte Frau Arnecke in ihrem Bericht über das Sportjahr 1973."

Der Zusammenhalt zwischen den Eltern war tatsächlich sehr groß. Während der Turniere unterstützten sie die Kinder und sorgten auch für das leibliche Wohl, beim Turnier in Bremen verpassten sie den Auftritt, Sieg und Ehrung der

---

10 Aus: Die Geschichte des Voltigierens unter besonderer Berücksichtigung der Einflüsse für das heutige Voltigieren als Formbewegung, Voltigierzirkel aktuell, Anja Reinhardt, Köln 1993

Gruppe, weil sie ganz vertieft fachsimpelten und grillten. Aber das ist nur einmal passiert!

1975 war die Mannschaft im Schauprogramm bei der Vielseitigkeits-Europameisterschaft in Luhmühlen zu sehen, außerdem gab es Auftritte in San Francisco und Washington. In den folgenden Jahren erreichten die von ihr trainierten Gruppen auf vielen Turnieren erste Plätze und sehr gute Platzierungen.

Den ersten Weltmeistertitel in der Einzelwertung gewann die von Giesela Arnecke trainierte Silke Bernhard für Hubertus Krähenwinkel 1986 in der Schweiz, im gleichen Jahr wurde sie deutsche Meisterin und 1987 Europameisterin in Paris. Auch die Gruppenwertung bei deutschen Meisterschaften wurde 1987 und 1988 gewonnen, dazu die Vizeweltmeisterschaft in Wien, während Silke Bernhard dort ihren 2. Weltmeistertitel in der Einzelwertung erhielt. Ein Jahr später wurde sie Siegerin bei der Europameisterschaft und mit der Voltigiergruppe Vizeeuropameisterin und 1990 gewann sie ihren 4. Weltmeistertitel in Stockholm.

Giesela Arnecke und ihre Voltigiergruppe – Deutsche Meisterinnen 1976

Als Trainerin war Giesela Arnecke ehrgeizig und geduldig, einfühlsam und streng. Ein ehemaliger Schüler berichtete, dass sie sich eben auch um alles kümmerte, die Liebe zu den Pferden, der Respekt vor den Tieren, die Pflege, striegeln, ausmisten, Zöpfe flechten, diese Seiten gehörten unbedingt zum Training dazu. Das Echo schrieb damals: „Für Haushalt und Mann bleibt da wenig Zeit übrig."

Erstmals 1988 wurde mit Giesela Arnecke eine Trainerin als Sportlerin des Jahres in Langenhagen geehrt. Damit wurde ihr langjähriges und erfolgreiches Engagement gewürdigt.

1990 erhielt sie das Bundesverdienstkreuz am Bande des Bundesverdienstordens „aufgrund der Einzigartigkeit und Nachhaltigkeit des erzielten Erfolges im Voltigiersport", wie das Langenhagener Echo am 8. Februar 1990 berichtete. Typisch sei für sie, dass sie auch am Tag der Ehrung nachmittags ihre Gruppen trainierte, bevor sie abends im Dorfgemeinschaftshaus mit den Vereinsmitgliedern feierte. Weitere Ehrungen waren die Goldene Nadel des Reiterverbandes und die Verleihung der Ehrenmitgliedschaft bei ihrem Reitverein Hubertus 1991.

Eine ihrer ehemaligen Schülerinnen aus Goslar, Helma Schwarzmann, wird 1991 Bundestrainerin und bleibt es bis 2002.

Auch außerhalb Krähenwinkels engagierte sie sich für den Reitsport: so war sie Richterin für alle Reitsportdisziplinen und Jugendwartin im Landesreiterverband Niedersachsen/Bremen.

1996 wird sie 65 Jahre alt und denkt nicht ans Aufhören, nach wie vor trainiert sie etwa 50 Kinder sechsmal wöchentlich mit Ausnahme von 4 Wochen während der Sommerferien. Weltmeister wurden die „Voltis" aus Krähenwinkel nicht mehr, aber weiterhin waren sie sehr erfolgreich. Sowohl in Einzelwertungen als auch als Mannschaft gewannen sie weiterhin, rund 30mal waren sie Bezirksmeister, dazu kamen: Kreis-, Landes- und deutsche Meisterschaften und immer wieder wurden junge Mädchen aus Krähenwinkel in den Landeskader Niedersachsens berufen.

2002 musste Giesela Arnecke aus gesundheitlichen Gründen ihre Arbeit aufgeben, sie verließ Norddeutschland und zog zu ihrer Schwester nach Nordrhein-Westfalen,[11] dort verstarb sie im Alter von 80 Jahren 2006.[12]

Dr. Heike Brück-Winkelmann[13]

---

11 Reitsport-Magazin 12/2002
12 Voltigierzirkel 2/2006
13 Ich danke Herrn Klaus Flügel, dass er mir seine umfangreiche Materialsammlung zur Verfügung stellte.

Karl Biester

Karl Biester 1878-1949

Rechte/Quelle Fotos: Fam. Müller-Biester

Diese Fotografie weist Karl Biester wie seine Lebensgeschichte als bemerkenswerte Persönlichkeit aus. Wir in Langenhagen haben nicht gerade sehr viele Menschen zu nennen, die sich im Laufe der Geschichte in gleicher Weise für öffentliche Belange einsetzten. So möchte ich hier auf einen Mann eingehen, der gewiss ein schriftliches Denkmal verdient. Die Arbeitsgruppe GLieM hat ihm bereits eine Tafel[14] gewidmet.

Karl Biester stammte von dem relativ großen Vollmeierhof Nr. 9 an der Walsroder Straße, der seinem Vater Phillip ab 1868 gehörte. Er übernahm die Besitzung demnach zehn Jahre, bevor Karl am 29.01.1878 geboren wurde. Karl hatte noch zwei Brüder, den 1885 geborenen Gustav, der als Pächter den Biesterschen Hof bis 1950 bewirtschaftete, und den 1891 geborenen Georg Heinrich. Dieser jüngste Bruder studierte und promovierte im Fach Chemie. Hoferbe nach Karl Biester war sein Sohn Karl (Karlchen), der Hof wurde jedoch bald als unwirtschaftlich aufgegeben.

Zur Zeit der Gründung des alten Langenhagens (im 13. Jahrhundert Nienhagen) war der Hof die Stelle des *Hachmeisters*, der maßgebenden Person in der neuen Hagenhufensiedlung. Dieser direkt neben der Kirche liegende Hof war auch früher Heimstätte für einst bekannte Personen. So gehörte er im 16./17. Jahrhundert der Familie Stucke, aus der Johann Stucke als Gelehrter und Politiker herausragte. Besonders begabte Bauernkinder konnten auch in früheren Zeiten „etwas werden".

Söhne und Töchter von Bauern genossen im 19. Jahrhundert in der Regel nur eine Volksschulbildung mit Abschluss nach der achten Klasse. Das musste für die nötigen Kenntnisse im Lesen, Schreiben, Rechnen reichen. Die landwirtschaftliche berufliche Bildung wurde durch die Arbeit auf dem elterlichen Hof erworben. Mit Glück kam noch ein Jahr in einem anderen Betrieb als „Fremdlehre" hinzu.

---

14 GLieM-Tafel Nr. 45: Karl Biester, Vollmeier, Patriot, Welfe

Für Karl Biester hatten die Eltern eine bessere Bildung vorgesehen: er besuchte die Realschule in Hannover und die Landwirtschaftsschule in Hildesheim. Die vermittelte nicht nur höhere Kenntnisse in der Agrarwirtschaft, sondern auch Französisch als Fremdsprache. Nach seinem Abschluss arbeitet er in verschiedenen landwirtschaftlichen Betrieben. Zudem hielt er sich in Basel und Zürich zu volkswirtschaftlichen Studien auf. Ob er dort Impulse zum Anschluss an die Friedensbewegung erhielt, deren Mitglied er 1904 wurde, muss offen bleiben. Das war in der vom Militär so stark geprägten Wilhelminischen Ära schon ein bedeutendes Zeichen für eigenständiges Denken.

Parteipolitisch engagierte sich Karl Biester noch früher. Schon im Alter von 22 Jahren trat er 1900 in die Deutsch Hannoversche Partei (DHP) ein. Diese Partei war 1869 aus Protest gegen die Annexion des Königreichs Hannover gegründet worden. Ihr wesentliches Ziel war zunächst die Restaurierung der welfischen Herrschaft. Biesters politische Karriere in dieser Regionalpartei ist nach meinem Ermessen etwas Besonderes. Das ist durch ihre Dauer, ihre Ausrichtung und die gezeigte politische Leidenschaft bedingt. Dazu mehr.

Schon 1919 wurde Karl Biester in die verfassunggebende preußische Landesversammlung gewählt. Dabei profitierte er möglicherweise davon, dass er, wie fünf weitere Abgeordnete, nicht allein für die DHP, sondern auch für das Zentrum antrat. Das Zentrum erhielt damals 93 Mandate als zweitstärkste Kraft nach der SPD (145 Mandate). Die DHP erreichte nur zwei Mandate mit 0,49 % der Stimmen. Die Versammlung tagte bis 1921. Deren online einsehbaren Protokolle belegen eine rege Beteiligung des Abgeordneten Biester, oft in Zusammenarbeit mit anderen Abgeordneten der DHP, etwa dem Freiherrn von Wangenheim.

Die Landesversammlung verabschiedete die neue preußische Verfassung am 30. November 1920. Alle Abgeordneten der Deutsch Hannoverschen Partei enthielten sich. Wie sich Karl Biester verhielt, ist aus späteren Äußerungen zu entnehmen, in denen er sich ziemlich klar antipreußisch positionierte.

Zu Biesters Haltung zählte besonders, dass er wie viele der von Wilhelm Busch karikierten *„Partikularisten"* zum entmachteten hannoverschen Königshaus hielt und „welfentreu" war. Deshalb strebte er immer danach, die 1866 von Preußen *annektierte* „Provinz Hannover" wieder zu einem selbständigen Staat im Deutschen Reich zu machen. Diese Auffassung verdeutlichte er bei passender Gelegenheit in seiner von 1921 bis 1933 während Abgeordnetentätigkeit im Preußischen Landtag.

„„Et ſchall nich bliben ans et is!
„„Et ſchall weer weren anſe ſüß!!

„„Un dat ſeg eck! Un dat ſeg eck!"„
So ſpricht entſchieden Schneider Böck —

Wilhelm Busch formulierte es in seiner Karikatur so: Es soll nicht bleiben, wie es ist! Es soll wieder werden, wie vordem!!

Biester betonte stets, dass seine Partei auf Seiten des Rechts und der Freiheit stände, denn die seien dem Königreich Hannover nach der am Ende verlorenen Schlacht bei Langensalza durch die *Annexion* genommen worden.

Hannover nahm damals mit Österreich und Bayern am Krieg des Deutschen Bundes gegen Preußen teil. Man beurteilte daher den Krieg als Bundesverpflichtung und somit gerecht. Im Ergebnis verlor Hannover unter Führung des Königs Georg V. trotz kurzfristigen Erfolgs am ersten Tag der Schlacht den Krieg, denn seine Truppen hatten beim hastigen Aufbruch den Nachschub in Hannover zurückgelassen. Aus Mangel an Munition musste man schließlich kapitulieren. Die welfentreuen Bürger des nun zur „Provinz" herabgestuften Königreichs konnten das nicht vergessen und hielten sich an den Wahlspruch der Welfen „Numquam retrosum" (Niemals zurück). Dies jedoch im Sinne, dass man der Gewalt nicht weichen wolle. Im Kern wollten sie schon zurück, nämlich zum alten König und zum alten Königreich.

Die Entmachtung der preußischen Regierung am 20. Juli 1932 dürfte Biester nicht ungern gesehen haben. Denn daneben war eine Aufteilung des Landes in die 16 Preußischen Provinzen vorgesehen. Dadurch wäre Hannover wieder selbständig geworden – ein erklärtes Hauptziel der Deutsch Hannoverschen Partei Biesters. Insgesamt war er kein Freund ausgedehnter Verwaltungseinheiten, denn er stellte sich stets gegen die Bildung von größeren Landkreisen. Der Zusammenschluss von einst selbständigen Gemeinden zur heutigen Stadt Langenhagen wäre ihm sicher nicht recht gewesen.

Ein handschriftlicher Redeentwurf vom März 1933 im Nachlass Biesters ist für sein Denken in dieser Zeit sehr aufschlussreich:
    „Hannoversche Landsleute!

Die Wahlen vom 5.[15] und 12.[16] März liegen hinter uns. Wir beklagen den Verlust unseres Reichstagsmandats, während wir das Mandat in Lüneburg-Stade für den preußischen Landtag nicht nur hielten, sondern noch ein zweites für Hannover-Hildesheim hinzugewinnen konnten. Bei den Provinziallandtagswahlen vermochte ein wesentlicher Stimmgewinn – der Höchste bei allen Parteien Hannoverlands – uns 5 Mandate[17] [zu] bringen. Allen selbstlosen Helfern im Lande hierfür unseren herzlichen Dank!

Die marxistischen Parteien sind aufs Haupt geschlagen. Das nationale Wollen des deutschen Volkes ist deutlich zum Ausdruck gebracht. Freiheit nach außen, Freiheit und Ordnung im Inneren muss die nächste Zielsetzung sein. Die deutsch-hannoversche Partei, hervorgegangen aus den wahrhaft bodenständigen, tief in der Geschichte und Tradition des Landes wurzelnden Heimatgenossen, stellt sich der Ordnung und dem Wiederaufbau zur Verfügung.

Ungebrochenen Mutes gehen wir weiter den Weg des Rechts und der Freiheit. Wir halten fest an den Idealen der Väter und halten fest an dem alten Banner der Ehre, der Fahne gelb und weiß.

Numquam retrorsum,
niemals rückwärts"

Dieser Entwurf verdeutlicht erst einmal die grundständig konservative, in gewisser Weise auch rückwärts gerichtete Haltung Biesters. Die damals bereits erkennbaren Zeichen der aufkommenden Gewaltherrschaft durch die Nazis bedeuten ihm noch nichts. Vielmehr macht er ein erkennbares Angebot an den nunmehr herrschenden Reichskanzler Hitler. Denn als Vorstandsmitglied der DHP stellt er die Mitarbeit der Partei beim „Wiederaufbau" zur Verfügung. So dachten damals sehr viele Personen aus dem konservativen Lager, die von Hoffnung auf bessere Zeiten erfüllt waren. Welche Zeiten kommen sollten, wurde noch 1933 zunehmend klar. Im gleichen Jahr löste sich die Deutsch-Hannoversche Partei auf, denn ein Verbot der Partei drohte. Bei der Reichstagswahl Ende des Jahres war nur noch eine Einheitsliste NSDAP zugelassen.

Ein anderer umfangreicher Redeentwurf im Nachlass zeigt Karl Biester als ziemlich forschen, drängenden Politiker. Diesen Entwurf mit dem Thema „Brecht der Bürokratie das Genick!" hatte er dem Parteivorsitzenden Graf Bernstorff vorgelegt, der ihn dann mit Anmerkungen versehen zurücksandte. Sein Fazit war: „So kann man das nicht sagen!"

---

15 Die schon nicht mehr freie Wahl zum Reichstag am Beginn der NS-Diktatur. Dabei wurden die links stehenden Parteien massiv behindert, wenn nicht bereits staatlich verfolgt.
16 Die Provinziallandtagswahl für die preußische Provinz Hannover
17 Das waren aber deutlich weniger als bei der Wahl 1929. Da wurden 12 Mandate errungen.

Während seiner gesamten politischen Laufbahn setzte sich Biester für Fragen der Landwirtschaft ein, für die er sehr sachverständig war. Dass er dabei die Schutzpolitik für den Getreideanbau ostelbischer Rittergutsbesitzer nicht positiv sehen wollte, war angesichts der negativen Folgen für die in Niedersachsen tätigen Viehzüchter – steigende Futtermittelpreise – nicht zu verdenken. Auch für Belange Langenhagens setzte er sich ein. Noch am 25. März 1933 schrieb er dem Reichskommissariat für Arbeitsbeschaffung wegen der noch nicht fertiggestellten „Hasenbahn" nach Celle. Diese Eingabe brachte jedoch nur eine abschlägige Antwort.

Zwischen 1933 und 1945 war Karl Biester politisch kalt gestellt, er wurde überwacht und mehrfach vernommen, was damals eine ziemliche Gefahr bedeutete. Auf Betreiben des NSDAP-Gauleiters Lauterbacher sollte er noch am 5. April 1945 wegen seiner „defätistischen Haltung" und seiner Verbindungen zum Kreisauer Kreis hingerichtet werden. Um diese Zeit bereitete Lauterbacher jedoch bereits die Flucht in seine österreichische Heimat vor. Unter Mitnahme von 1,8 Mill. Reemtsma-Zigaretten brach er am 8. April Richtung Süden auf. Der „feine Herr" entging nach Kriegsende im Wesentlichen jeder Verantwortung und konnte sogar – wahrscheinlich aufgrund guter internationaler Verbindungen – mit britischen und amerikanischen Geheimdiensten kooperieren. Am Schluss landete er bei der „Organisation Gehlen", dem unter Adenauer neu formierten Geheimdienst der Bundesrepublik.

Die britische Militärregierung berief Karl Biester in den 1946 Eingesetzten Hannoverschen Landtag und 1947 in den ersten Ernannten Niedersächsischen Landtag, anschließend wurde er in den Niedersächsischen Landtag gewählt, dem er bis zu seinem Tode 1949 angehörte.

Karl Biester war 1945 Mitbegründer der Niedersächsischen Landespartei (NLP) als Nachfolgeorganisation der DHP. 1947 wurde sie in Deutsche Partei umbenannt. Biester diente beiden jeweils im Vorstand. Außerdem wirkte er von 1945 -1949 als Gemeinderatsmitglied in Langenhagen. Die Deutsche Partei war zunächst in Niedersachsen relativ stark. Ihren baldigen Niedergang erlebte Karl Biester nicht mehr. Am 5. November 1949 verstarb er im Alter von 73 Jahren in Langenhagen. [18]

Hans-Jürgen Jagau

---

18 Beatrix Herlemann, Biographisches Lexikon niedersächsischer Parlamentarier 1919 – 1945 Hier → Biester und → Lauterbacher
Familienerinnerungen des Großneffen Karl-Friedrich Müller
Wikipedia Einträge zur DHP sowie MLP und DP
Nachlass Karl Biester im Niedersächsischen Landesarchiv

Ruth Klausch – eine bedeutende Künstlerin in Langenhagen

Im Jahr 1926 wurde Ruth Dabelow am 13. Oktober in Berlin geboren. Ihre Jugendjahre waren durch schwere Zeiten gekennzeichnet. Bis zum Erreichen der Volljährigkeit musste sie die direkten Auswirkungen des Weltkriegs erleiden. Immerhin gelang ihr das Abitur, vermutlich an ihrem Geburtsort, der durch den Bombenkrieg massiv geschädigt war.

Ruth Klausch bei der Arbeit an einem Wandbild

In Berlin erhielt sie 1945 ihre erste Anstellung. Die sicherte zuerst den Lebensunterhalt und wies zugleich in künstlerische Richtungen. Sicher hatte Ruth Dabelow schon vorher entsprechende Interessen. Es kann aber auch sein, dass sie die erste Stellung annahm, die ihr geboten wurde. Sie arbeitete bei dem Kunstwissenschaftler Dr. Adolf Jannasch[19] in einer Abteilung des Berliner Magistrats, die sich mit der Rückführung ausgelagerter Kunst und der Organisation der ersten öffentlichen Kunstausstellungen nach dem Krieg befasste.

Berlin war damals in vier Besatzungszonen geteilt. Die junge Kunstbeflissene wohnte in der britischen Zone, arbeitete in der russischen und die erste Kunstausstellung, der sie zuarbeiten durfte, fand 1946 im französischen Sektor unter französischer Kontrolle statt. Die russische Zone war nicht nur der größte damals gebildete Teil der Stadt, sie enthielt auch wichtige Museen und kommunale Gebäude.

Weiter arbeitete Ruth Dabelow bei dem Kunsthistoriker Dr. Ernst Jentsch, der sich als Geschäftsführer des Berliner *Werkbundes* um die Erneuerung dieses unter der NS-Herrschaft aufgelösten Vereins bemühte. Mit ihm arbeiteten Lilly Reich (Vorstand im Werkbund, Leiterin einer Bauhaus Werkstatt, 1996 bedeutende Ausstellung im Museum of Modern Art, New York) und der berühmte Architekt Hans Scharoun (u. a. Berliner Philharmonie) zusammen. In diesem Umfeld kam Ruth Dabelow mit Gedanken des Konstruktivismus in Berührung. Es ging um die Verbesserung der Qualität von handwerklichen und industriellen Produkten *„Die gute Form"* und die Belebung der im Bauhaus wirkenden Ideen. Dazu gehörte die Lehre, Schönheit und Funktion von Gegenständen, Möbeln oder Bauten in Einklang zu bringen. Im Konstruktivismus werden bildnerische Motive und Figuren mathematisch entwickelt. Diese formal strenge

---

19 Ab 1955 Leiter der Galerie des 20. Jahrhunderts, der späteren Neuen Nationalgalerie

Grundlage sollte gleichwohl in künstlerisch frei entwickelte Produkte münden. Zudem galt es weiterführende Gedanken anzuregen.

1952 heiratete Ruth Dabelow Werner Klausch und zog nach Hamburg. Dort begann ihre persönliche künstlerische Entwicklung. Sie studierte an der Kunstschule Alsterdamm[20] Geometrische Komposition bei Max H. Mahlmann[21] und Siebdruck bei Kurt Friedrich Ehlers[22]. Zehn Jahre später begann ihre Ausstellungstätigkeit mit ihrer Teilnahme an der juryfreien Großen Kunstaustellung in Berlin am Funkturm. Sie war dort mit einem Ölgemälde „Komposition 13" vertreten. Damit war sie eine unter rund 700 Künstlerinnen und Künstlern der verschiedensten Richtungen, deren Namen heute überwiegend nur Spezialisten bekannt sind. Konstruktivistisch gestaltete Werke waren im bebilderten Katalog nur wenig vertreten. Laut der Berliner Zeitung „Tagesspiegel" Nr. 5062 dominierten die Abstrakten. Gleichwohl bot die Ausstellung nach Meinung des Autors einen guten Überblick des gegenwärtigen Kunstschaffens.

Während ihres gesamten künstlerischen Lebens erforschte Ruth Klausch die Möglichkeiten des konstruktivistischen Gestaltens. Ihre Bilder zeigen immer wieder Entwicklungen aus geometrischen Grundformen, die zum Teil in geradezu explosiv wirkende Gestaltungen ausgeprägt wurden. Zugleich befasste sich die Künstlerin mit den Fragen von Form und Farbe als Kern bildnerischer Gestaltung. Die darin zu fassende Suche hat die verschiedensten Schaffenden seit Jahrhunderten beschäftigt.

Victor Vasarely (1906 – 1997) ist darunter der Künstler, dessen Werk am nächsten mit dem Schaffen von Ruth Klausch zu verbinden ist.

Victor Vasarely: Bonn Juridicium, Teil der Fassade, Foto Hans Weingartz (CC

Geometrische Konstruktionen gibt es bereits im Werk von Dürer (z. B. im Stich Melencholia I) oder Leonardo da Vinci, der sich mit der räumlichen Darstellungen vielflächiger Körper befasste.

---

20 1946 gegründete Berufsfachschule für Grafik-Design und Kommunikationsdesign
21 Mahlmann, Max H.,1912 geboren in Hamburg als Max Hermann Mahlmann
  2000 gestorben in Wedel, deutscher Maler des Konstruktivismus
22 Kurt Friedrich Ehlers, Künstler im damals auflebenden Siebdruck

Ausschnitt aus Melencholia I von
Albrecht Dürer

Leonardo da Vinci, „Dodekaeder aus
„La Divina Proportione"

Näher an unserer Zeit wirkte Piet Mondrian, dessen Werk in den bedeutendsten Museen der Welt ausgestellt wird. Eines der Bilder von Victor Vasarely wurde 2023 für über 220.000, - € versteigert. Bei Piet Mondrian wurden noch weit höhere Dimensionen erreicht: 51.000.000, - $ im Jahr 2022. Der Bauhauskünstler Oskar Schlemmer bezeichnete ihn als „Gott des Bauhauses". Ruth Klausch hat sich allerdings künstlerisch weitgehend anders orientiert als er. Sie untersuchte die Wirkung von Farben in vorwiegend räumlichen Konstruktionen und beließ es nicht bei den Grundfarben blau, gelb und rot.

Bildbeispiele aus dem Werk von Ruth Klausch,
Quelle: © finis artis (Nachdruck gestattet)

Bilder von Ruth Klausch wirken oft irritierend, zugleich laden sie wie die eher flächigen Mandalas zur Meditation ein. Sie sind in wenigen Stücken noch heute im Handel erhältlich, z. B. bei der Galerie finis-artis in Hannover.Die bei Auktionen erzielbaren Preise liegen aber weit, weit unter den o. a. Beispielen. Ein Teil ihres künstlerischen Nachlasses wird im Archiv der Stadt Langenhagen aufbewahrt.

Nach einer zehnjährigen Zwischenstation in Göppingen, - dort hinterließ sie eine mehrteilige Wandarbeit im Haus der Jugend - zog Ruth Klausch mit ihrem Mann nach Langenhagen. Auch hier war sie künstlerisch tätig und öffentlich wahrnehmbar. So etwa in diversen Einzelausstellungen, zuletzt in einer abschließenden Vorstellung ihrer Werke im Rathaus im Jahr 2018.

In diesem Jahrhundert waren einige ihrer Werke in diesen Ausstellungen (Auswahl) zu sehen:

- 2001 „Ortstermin – Sieben Positionen der Kunst in Langenhagen" im Kunstverein Langenhagen gemeinsam u. a. mit Dorothée Aschoff, Wolfgang Ludwig und Rolf Sextro,
- 2008 in einer Doppelausstellung der Universität Oldenburg „Konstruktivistin und Kommunikationsdesigner" sowie in der Galerie N in Nienburg,
- 2009 Gemeinschaftsausstellung: „Ereignis Druckgraphik" in Leipzig. Gezeigt wurde ihr Siebdruck „Streifenstern" aus dem Jahr 1962.
- 2011 zerschlug sich eine Präsentation im hannoverschen Kubus.

Seit 2018 wohnte Ruth Klausch mit ihrem Mann Werner in Langenhagen in einer Seniorenresidenz. Dr. Werner Klausch verstarb am 7. März 2021 im Alter von 92 Jahren, seine Frau hatte schon das Lebensalter von 97 Jahren erreicht. Sie starb wenig später.

Hans-Jürgen Jagau

August „Aute" Lampe - Ein Leben für den Sport

August Lampe wurde von vielen seiner Freunde und Weggefährten einfach „Aute" genannt. Dieser Name wurde für Lampe nicht nur zum Markenzeichen, mit dieser Namensnennung drückte man in seinem Umfeld die Wertschätzung gegenüber seiner Person aus. Er wurde in den unruhigen Jahren nach dem verlorenen I. Weltkrieg am 10. Dezember 1920 in Linden, der damals noch selbständigen Arbeitervorstadt Hannovers, geboren.

August „Aute" Lampe

Wie bei vielen Jugendlichen seiner Genera-
tion, die in einfachen Verhältnissen auf-
wuchsen, war die Freizeit dem Sport gewidmet. August Lampe spielte zunächst Fuß-
ball, kam aber sehr schnell mit dem Radsport in Berührung. Früh wurden seine Leistungen bei Straßen-, Bahn- und Steherren-
nen anerkannt. Auf Grund seiner Erfolge
wurde er in den Nationalkader berufen. Be-
eindruckend, wie jemand, der einen körper-
lich schweren Beruf ausübte, wie August
Lampe als gelernter Maurer, sich dann dem
kräftezehrenden Radsport widmete.

1939 wurde er in Köln-Müngersdorf mit seiner Mannschaft Deutscher Jugend-
meister im Vierer-Stafettenrennen. Es hätte der Beginn einer Radsportkarriere
werden können, was allerdings der beginnende II. Weltkrieg verhinderte. Für
August Lampe schlossen sich Fronteinsatz, Verwundungen und Kriegsgefangenschaft an.

Nach dem Krieg ins Zivilleben zurückgekehrt, lockte wieder das Rad. Die Ein-
schränkungen durch seine Kriegsverwundungen und die Folgen eines schweren Sportunfalls machten eine weitere aktive Sportlerlaufbahn unmöglich.

Das war der Startpunkt für „Autes" ehrenamtliche Funktionärstätigkeit in Rad-
sportorganisationen. Neben der Vorstandsarbeit im Radsportbezirk, beim *Arbeitskreis Radrennbahn* und über zwei Jahrzehnte Vorstandsarbeit im *Radsportclub Blau-Gelb-Langenhagen*, davon 10 Jahre als Vereinsvorsitzender,
nahm „Aute" Lampe weitere ehrenamtliche Funktionen wahr, u. a. im *Sportring Langenhagen*.

Für seinen Verein *Radsportclub Blau-Gelb-Langenhagen* initiierte er den Bau
eines Clubhauses an der Emil-Berliner-Straße, nachdem zuvor der Sitz des
Radsportvereins von Hannover nach Langenhagen verlegt worden war. Wegen
seines außerordentlichen Einsatzes bei der Verwirklichung des Clubhaus-
baues - schließlich legte „Aute" als Maurer und Oberpolier in einem Bauunter-
nehmen, selbst kräftig mit Hand an - bekam das Clubhaus nach Vereinsvor-
standsbeschluss den Namen „Aute-Lampe-Haus". Dem Clubhaus wurden in
den Jahren 1975 bis 1976 eine Trainingshalle und Übernachtungsmöglichkei-
ten für 14 Sportlerinnen und Sportler angefügt.

Wir erinnern uns noch an die Jahre, in denen „Aute" Lampe gemeinsam mit Hajo Westphahl und Günter Krüger, dem Chef des ortsansässigen Fahrradgeschäfts, die Langenhagener Straßenrennen organisierte. An diesen Veranstaltungen nahmen Radsportler aus der gesamten Bundesrepublik teil. Das Hindenburgviertel wurde zur Radsportarena. Begeistert wurden die Radfahrer vom Publikum am Straßenrand begrüßt.

Ebenso beliebt war das von den Genannten organisierte Volksradfahren in Langenhagen, bei dem sich viele Helfer mit einbrachten.

„Aute" Lampes Engagement war nicht allein auf den Radsport fokussiert. 1981 und dann nachfolgend von 1986 bis 1991 setze er sich als Ratsherr für die politischen Belange seiner Heimatstadt ein.

Mit der Wende am Anfang der neunziger Jahre und der Partnerschaft der Stadt Langenhagen mit der Stadt Novo Mesto in Slowenien knüpfte Lampe im Rahmen der Partnerschaftsbesuche Kontakte zu den bestehenden örtlichen Sportvereinen und war dann über viele Jahre dort ein gern gesehener Berater.

In vielen Vereinen und Verbänden war „Aute" Lampe Mitglied und stand auch hier mit Rat und Tat zur Seite. Die Auszeichnungen und Ehrennadeln sind kaum zu zählen, die Lampe für sein Wirken erhielt.

Das Verdienstkreuz des Landes Niedersachsen, die goldene Ehrennadel des Bundes Deutscher Radfahrer- BDR und viele weitere Auszeichnungen sind Ausdruck der Würdigung eines außerordentlich großen Einsatzes für den Sport und die Allgemeinheit. Langenhagen würdigte „Aute" Lampes Verdienste mit seinem Eintrag in das *Goldene Buch* der Stadt.

„Aute" Lampe, der immer wieder betonte, dass sein Engagement nur möglich war, weil seine liebe Gerda ihm den Rücken frei hielt, war ein bescheidener Mensch. Ohne viele Worte zu verlieren, war und blieb er ein „Macher-Typ". Die Ärmel aufkrempeln und anpacken, das war sein Ding!

Als August „Aute" Lampe am 18. Oktober 2003, knapp einen Monat nachdem er mit seiner Frau das Fest der Diamantenen Hochzeit gefeiert hatte, die Augen für immer schloss, zeigten die vielfältigen öffentlichen und privaten Beileidsbekundungen die Trauer um den Verlust, aber auch den Dank für den Einsatz dieses außergewöhnlichen Menschen als Förderer des Sports und sein Engagement für die Gemeinschaft. [23]

Joachim Vogler

---

23 Quellen: - Langenhagener Echo vom 23.10.2003, - Festschrift des Radsportclub Blau-Gelb- Langenhagen zum 75-jährigen Bestehen des Vereins

Konrad „Conny" Mössinger

Konrad Mössinger war, obwohl sein Name eher in den deutschen Süden weist, wie die Zeitung 1993 schrieb, ein waschechter Langenhagener. Geboren wurde er 1931 im Langenhagener Bahnhofsgebäude und besuchte erst die Herrmann-Löns-Schule und dann die Mittelschule in Brink. Nach der Schule machte er eine Lehre als Werkzeugmacher in der Firma Max Müller, besuchte danach die Ingenieurschule und arbeitete ab 1963 bis zu seinem Ruhestand als Entwicklungsingenieur bei Continental (Conti).[24]

„Conny" wurde 1967 zum Vorsitzenden des Sport-Club Langenhagen[25] gewählt, eine Funktion, die er über 30 Jahre mit großem Engagement innehatte.

Bald standen für den SCL große Veränderungen an. Ausgelöst durch den Ausbau der Autobahn A2 musste der SCL Anfang der 1970er Jahre Clubheim und Sportplätze am Berliner Platz aufgeben. Die Stadt baute an der Leibnizstraße neue Sportplätze und Umkleideräume für die Sportler, aber es fehlte ein Clubheim. Das wurde dann 1975/76 mit einem hohen Anteil an Eigenleistungen gebaut, durch zahlreiche Mitglieder, von denen viele als Fachhandwerker oder Handlanger mehr als 100 Arbeitsstunden geleistet hatten, Conny Mössinger selbst 450 Stunden.[26]

Konrad Mössinger (Aufnahme 1992)

Conny Mössinger ist 1946 als Fußballer und Tischtennisspieler in den SCL eingetreten. Er wurde Vorsitzender der Tischtennissparte und stellvertretender Leiter der Fußballsparte.[27] Zu seinen sportlichen Erfolgen gehörten unter anderem die Einzel- und Doppelvereinsmeisterschaft im Tischtennis und die Staffelmeisterschaft Ü50 der Fußballer.[28]

Mit der Übernahme von ehrenamtlichen Aktivitäten im Sportverein ist Konrad Mössinger in die Fußstapfen seines Vaters August Mössinger getreten, der vor dem Krieg den Sportverein Langenhagen

---

24 Siegbert Zietlow in: City-Zeitung Langenhagen vom 18.2.1993 und ECHO Februar 1967 (?)

25 GLieM-Tafel Nr. 102 Vom Volkssportverein zum Sport-Club-Langenhagen (SCL)

26 aus: „25 Jahre SCL· Konrad Mössinger"

27 aus: Vorwort des geschäftsführenden SCL-Vorstands in der Dokumentation: 25 Jahre SCL Konrad Mössinger

28 „Unermüdlicher Einsatz für den Sport", Nachruf auf Konrad Mössinger im Langenhagener ECHO, undatiert, 2021

leitete.[29] Am Ende war er 75 Jahre im SCL, davon 30 Jahre als Vorsitzender. Er war für sein unermüdliches Engagement und sein ausgeprägtes Verantwortungsbewusstsein bekannt. Oft fuhr er direkt von seinem Arbeitsplatz bei Conti zum Verein. In der Zeit seines Vorsitzes wurde der SCL der mitgliederstärkste Verein in Langenhagen.

Evmarie, seine Frau und selbst Sportlerin, unterstützte die Arbeit im SCL ehrenamtlich und später in der Vereinsgeschäftsstelle bei der Mitgliederverwaltung.[30] Gabi, seine Tochter und lange als Schwimmerin im SCL aktiv, erinnert sich an den Ausspruch „Willst du deinen Vater sehen, musst du mit zum Sportplatz gehen."[31]

„Conny" Mössinger war auch Präsident des von ihm mit gegründeten Sportrings Langenhagen mit 40 Vereinen und weit über 10.000 Mitgliedern. Er führte den Sportring 17 Jahre lang, 1977 bis 1994, nachdem er zuvor schon sechs Jahre einer der beiden Vizepräsidenten gewesen war.[32] [33] Dabei lag ihm auch die Mitarbeit im Partnerschaftskomitee für die Städtepartnerschaft mit Novo Mesto für den Bereich Sport am Herzen.[34]

Konrad Mössinger erfuhr vielfältige Ehrungen von Kreis- und Landessportbund, Verein und Sportring und blieb auch nach seiner Zeit im Vorstand als Ehrenvorsitzender fester Bestandteil des Vereinslebens.

Edda und Rainer Skowronek

Von einem Musenhof – Gerda und Karin Ocker

Der Vollmeierhof Nr. 12 in Krähenwinkel wurde im 19. Jahrhundert von der Familie Bösenberg bewirtschaftet. Friedrich Bösenberg war nicht nur als Bauer tätig. Sein handschriftliches Liederbuch aus dem Jahr 1867 ist bis heute erhalten. Es befindet sich nun als kulturelles Zeugnis im Archiv der Stadt Langenhagen.

Wohl ein Spiel des Zufalls ergab, dass später auf diesem Hof Frauen lebten, die Gedichte oder Theaterstücke schrieben und zudem musizierten, ja sogar eigene Lieder komponierten. Dazu kam es, weil der Rechtsanwalt Julius Ocker den Hof 1919 von der Witwe Wilhelmine Bösenberg und der Erben-

29 HAZ vom 16.7.2020
30 HAZ vom 16.7.2020
31 HAZ vom 16.7.2020
32 Chronik „25 Jahre Sportring Langenhagen" herausgegeben vom Sportring Langenhagen und zusammengetragen von Friedhelm Leiding, April 1994
33 Traueranzeige des Sportrings im Langenhagener ECHO vom 16.10.2021
34 „Unermüdlicher Einsatz ..."

gemeinschaft ihrer Kinder Hermine, Sophie, Anna und Friedrich Bösenberg erwarb. Julius Ocker hatte selbst fünf Kinder, deren Ältestes im Jahr des Hoferwerbs zur Welt kam. Es war die am 26. Mai geborene Tochter Gerda, die unverheiratet ihr Leben lang auf der Hofstelle verblieb.

Von ihrer jüngeren Schwester Karin gibt es den lange vergriffenen Gedichtband „Hör ich Gras und Blumen streiten.... Illustrierte Stimmungsgedichte - eine Spätlese" Außerdem verfasste sie einen Privatdruck „Das ist mein altes Dorf nicht mehr" (Kindheitserinnerungen), den sie mit naiven eigenen Zeichnungen, kleinen, wohlgereimten Gedichten und Erzählungen füllte. (S. Seite 59)

Gerda Ocker betätigte sich ähnlich. Zum Glück sind Zeugnisse dieser musischen Beschäftigung dokumentiert. So ist ein Bericht aus dem Leben und Wirken der im Jahr 2022 verstorbenen Krähenwinklerin an dieser Stelle möglich. Über ihr langes Leben berichtete sie an verschiedenen Stellen. Dabei ist ihr Gespräch mit dem Löns-Fachmann Walter Euhus aus Langenhagen besonders ergiebig.

In den Herrmann-Löns-Blättern, Heft 1, 2013, berichtet Euhus: *„Es war eine beeindruckende Begegnung mit einer 93 Jahre alten Dame, geistig ungewöhnlich fit, wohnhaft in Krähenwinkel, einem Dorf, zu Langenhagen gehörend. Sie wohnt in einem schönen alten Fachwerkhaus, einer ehemalige Scheune, die ihr Vater vor vielen Jahren als Familiensitz umbaute. Auffällig: ein Klavier, das offensichtlich gerade benutzt worden war, ein PC und ein wunderschönes Sofa. Es entwickelte sich ein Gespräch wie unter alten Bekannten."*

Gerda Ocker besuchte die Schule bis zur mittleren Reife, was zu ihrer Zeit bei Mädchen üblich war. Mit dem Argument „Du heiratest ja später doch" wurde in den 30er Jahren und auch einige Zeit danach angedeutet, dass Frauen keine höhere Bildung erhalten sollten. Die wäre nur störend bei Hausarbeit und Mutterpflichten.

Sie wollte jedoch in anderer Richtung weiter kommen. Ihr Unterricht bei einer Konzert- und Oratoriensängerin währte allerdings nicht lang. Gerda Ocker musste ihre Träume von einer Karriere als Sängerin aufgeben. Der Krieg ab 1939 und familiäre Faktoren standen ihr entgegen. Zunächst arbeitete sie als Kontoristin, danach absolvierte sie eine Ausbildung zur Schulhelferin. Die pädagogische Arbeit lag ihr, deshalb studierte sie an der Pädagogischen Hochschule in Hannover mit dem Ziel, Werklehrerin zu werden. Dafür genügte der mittlere allgemeinbildende Schulabschluss. Nach erfolgreichem Abschluss dieser Ausbildung unterrichtete Gerda Ocker Kunst und Werken an Langenhagener Schulen.

Augenscheinlich hatte sie eine große kreative Begabung. So baute sie im Rahmen der Werklehrer-Ausbildung eine Sopran-Fidel, auf der sie so lange wie möglich spielte. Gleiches gilt für ihr Musizieren an ihrem Klavier. Während ihrer Zeit im Schuldienst schrieb sie Theaterstücke für ihre Schülerinnen und Schüler. Über eines davon berichtete Walter Euhus: *„Eines Tages stieß sie auch auf das Lönsmärchen von Lüttjemann und Püttjerinchen. Daraus mache ich etwas für meine Schüler, so ihr Gedanke. Schon bald saß sie an der Schreibmaschine und schrieb und reimte. Heraus kam auf 32 Seiten ein Theaterstück in fünf Akten, das die Schüler der Adolf-Reichwein-Schule ... vor begeistertem Publikum aufführten."*

Gerda Ocker verfasste auch Lieder mit von ihr komponierten Melodien. Nach ihrer Pensionierung begann sie zu dichten, zeichnete passende Bilder und veröffentlichte schließlich zwei Gedichtbände. Dazu bemerkte sie:

*„1999 erschien mein erster Gedichtband mit dem Titel "**Im Tierkreiszeichen Zwillinge geboren**". Es heißt, dass Menschen dieses Tierkreiszeichens zwei Seelen in ihrer Brust haben. Das erklärt, dass in Teil eins dieses Gedichtbandes unter dem Titel "Mensch und Natur" ernste und sensible Gedichte zusammengefasst sind und in Teil zwei "Freude am Spaß" heitere und auch manchmal frivole. Als ich noch als Lehrerin im Berufsleben stand und auch noch andere Anforderungen an mich gestellt wurden, fand ich keine Muße zum Dichten. Da mir das Reimen leicht fällt, habe ich zu verschiedenen Anlässen Beiträge geleistet. Für meine Schulkinder schrieb ich Theaterstücke eigenen Inhaltes und nach bekannten Erzählungen. Als ich mich im sogenannten Ruhestand befand, begann ich mit meinem Gedichtband "**tierisch – menschlich**". Dabei erkannte ich, dass Mensch und Tier ähnliche Verhaltensweisen haben. Es machte mir Spaß, in Form von Tiergedichten den Menschen einen Spiegel vor die Augen zu halten. Über Teil zwei steht: "Kein Mensch ist vollkommen". Wir alle haben unsere Schwächen. Nehmen wir es mit Humor!"*

Demnach stand Gerda Ocker bei ihrer ersten Publikation bereits im 80. Lebensjahr. Da ihr ein langes weiterhin kreatives Leben zuteilwurde, konnte sie nicht nur Lieder verfassen und vertonen. Sie erlebte im Alter von 95 Jahren auch das Vergnügen eines Konzerts in Krähenwinkels Matthias-Claudius-Kirche. Dort wurden ihre Lieder von der anerkannten Sopranistin Corinna Staschewski vorgetragen. Holger Kiesé übernahm den Klavierpart mit eigenen Klaviersätzen zu den Liedern. In diesem Rahmen wurde die Geehrte selbst aktiv. Sie rezitierte einige ihrer Texte zum Beifall des Publikums, zu dem einige ihrer ehemaligen Schülerinnen und Schüler gehörten.

Der Redakteur Oliver Krebs aus Langenhagen war ebenfalls ihr Schüler. In seinem Bericht zu der Kunstausstellung der Malerin Heinke-Elisa Brauns unter dem Titel „Malerei und Poesie" würdigte er seine ehemalige Lehrerin, die den

Bereich Poesie übernommen hatte: *„Fein beobachtet, nachdenklich, hinter-gründig und empfindsam, mit leisem Humor hält Gerda Ocker den Menschen einen Spiegel vor und sagt: „so sind wir".* Im Jahr 2019 berichtete Oliver Krebs mit großer Zuneigung über die Feier zu ihrem 100. Geburtstag. Darin kam dann die ehemalige Schülerin Irene Kempa-Meier zu Wort, die sich gern an die Zeit in der Grundschule Brink zurückerinnerte: *„Frau Ocker war eine ganz liebe-volle Lehrerin, die ihre Schüler nie anschreien musste. Und trotzdem hatten alle Respekt vor ihr."*

Gerda Ocker gehörte zu den ältesten Bürgerinnen in Langenhagen. Erst im Alter von 103 Jahren ging sie in eine andere Heimat über.

Hans-Jürgen Jagau

Eine Erinnerung aus Kindertagen von Karin Büchel Ocker

Der Musi und meine erste Flöte - (Fritz Bösenberg)

Musi und meine erste Flöte

Ich erinnere mich noch lebhaft an einen alten Mann, den man Musi nannte, weil er auf Schützenfesten und zu anderen Veranstaltungen Geige spielte. Er spielte sie bis zu seinem Tode, wenn auch später einmal eine Saite fehlte.

Als ich ihn als Kind kennenlernte, schien er mir uralt zu sein. Ich hatte immer das Gefühl, dass seine Beine beim Gehen wackelten und seine braunen *Manchesterhosen* schlot-terten. Er war dünn, ging sehr auf-recht, seine Haare waren aschgrau und seine Wangen rot.

Wenn ich heute darüber nachdenke, so kann er so uralt nicht gewesen sein, denn weibliche Reize waren immer noch sehr anziehend für ihn. Am liebsten näherte er sich jungen Mädchen mit den Worten: „Komm to mi, wees nich so dumm!" Fing er an zu tätscheln, so steckte er hin und wieder eine Ohrfeige ein, vielleicht daher die roten Wangen?

Eines Tages stieg er mit mir auf den Heuboden und zeigte auf einen großen, braunen Eichenkasten mit den Worten „kiek min Deern, dat is min letztes Be-dde." Ich war damals viel zu klein, um seine Worte zu verstehen. Später, als er still auf dem weißen Laken lag, und der braune Sarg ihn aufgenommen hatte, verstand ich, was er mir damals sagen wollte. Wie friedlich lag er da, das

Zimmer war verdunkelt und auf seine Augen hatte man eine Münze gelegt, was damals Sitte war, so kam er nicht arm in den Himmel.

Er war auch geschichtlich interessiert und erzählte, dass Napoleon einmal durch Krähenwinkel geritten sei, und dass er gern noch einmal das Völkerschlachtsdenkmal sehen würde, was ihm aber nicht mehr vergönnt war. Er versuchte sogar Französisch zu lernen, sprach es aber so aus, wie es in seinem Lehrbuch geschrieben war. So rief er zum Beispiel seinen Pferden, wenn sie antraben sollten, zu „Allé, ga to!"

Aber das Schönste, was mich heute noch an ihn erinnert, ist eine Flöte aus Weidenholz. Behutsam suchte er ein ungefähr 20 cm langes Stück Weidenholz aus, beleckte es eine Weile, beklopfte es behutsam mit der Rückseite seines Taschenmessers und sagte, während des Klopfens immer vor sich hin:

„zipp - zapp - zi, - dais nich splie

dats good afgeit und nich spletten deit!"

Bald rutschte das Holz in der Rinde hin und her und, nachdem er in die Rinde eine Kerbe geschnitten hatte, und die ersten Flötentöne erklangen, schenkte er sie mir. Wie glücklich war ich über diese einfache Flöte, ich glaube viel glücklicher als manches Kind, das heute eine gefertigte Flöte spielt.

Ich habe später oft an seinem Stein gestanden und an ihn gedacht. Er schlief unter einem einfachen Findling, in den sein Name und eine Reihe Noten eingemeißelt waren.

Heute steht der Stein nicht mehr, man hat keinen Platz mehr für Musi.

Erinnerungen an Fräulein Ocker

Die Schulraumnot war groß. Im Vorkriegsbau der Volksschule II an der Dorf-, der heutigen Angerstraße, waren im Souterrain eine landwirtschaftliche Berufsschule und die Hilfsschule untergebracht. Im Obergeschoss wurden die Volksschüler unterrichtet. Das Dachgeschoss nutzte die Mittelschule. Es herrschte eine drangvolle Enge; Schichtunterricht war bis zur Mitte der fünfziger Jahre üblich.

In dieser Situation beschloss der Rat der Gemeinde Langenhagen als Entlastungsmaßnahme einen Zwölf- Klassen- Anbau als nördlichen Seitenflügel der Brinker Schule. Nach eineinhalbjähriger Bauzeit sollte am 25. Juni 1955 die feierliche Einweihung stattfinden.

Sollten die Schüler die Ehrengäste ausschließlich mit fröhlichen Liedern erfreuen? Das wäre doch als Rahmen für die Schuleinweihung zu wenig gewesen.

Jetzt trat Fräulein Ocker[35] auf den Plan. Musisch begabt, literarisch gewandt, schlug sie ein Theaterstück vor, ein Laienspiel von den Schülern der vierten Klasse aufgeführt. Mit Unterstützung unserer Klassenlehrerin Fräulein Wiemeyer, erarbeiteten beide in Windeseile ein Drehbuch „Wir bauen eine Schule". Zeitlich konnte sogar noch ein paar Mal unter den kritischen Augen von Fräulein Ocker geprobt werden.

Der Inhalt des Laienspiels ist schnell erklärt: Der Gemeinderat beschloss einen Schulneubau und beauftragte einen Architekten. Der Bauplan war fertig und wurde vom Rat kritisch begutachtet. Der Rat schüttelte bedenklich die Köpfe. Sollten die Schüler die Schule durch die Fenster betreten? Der Architekt hatte bei seiner Schulplanung tatsächlich die Eingangstür vergessen.

Der Architekt bei der Arbeit

Der Architekt raufte sich die Haare; dieser Fehler hätte ihm nicht unterlaufen dürfen. Geschwind wurde die Tür an der geeigneten Stelle eingepasst. Dem Neubau stand nun nichts mehr im Wege.

---

35 Die Anrede „Fräulein" für unverheiratete Frauen war bis in die achtziger Jahre des vergangenen Jahrhunderts üblich und oft auch erwünscht.

Meine Mitschüler vertraten den Rat der Gemeinde, ich bekam die Rolle des Architekten, nicht wissend, dass mich später einmal als Bauingenieur das Bauen nicht mehr los ließ. Die Ehrengäste waren von unserer Aufführung so begeistert, dass sie Fräulein Ocker rieten, sich für das Laienspiel einen Verleger zu suchen.

Der Gemeinderat tagt zum Thema „Schulbau ohne Tür"

Joachim Vogler

Udo Püschel und die Mimuse

Es ist allgemein so, dass herausragende Leistungen für Gemeinwesen und Gesellschaft eines Ortes nicht allein einer Person zugeschrieben werden können. So verhält es sich auch im Fall der MIMUSE. Wenn hier die Arbeit von Udo Püschel besonders gewürdigt wird, sind damit auch die Personen gemeint, die mit ihm gemeinsam gewirkt haben und die seine Arbeit so erfolgreich fortsetzen.

Das kulturelle Leben in Langenhagen wird allgemein von dem beeinflusst, was in der Landeshauptstadt nebenan geschieht. Man könnte meinen, es wäre besser, sich ganz auf dortige Angebote zu verlassen. Hin und wieder gibt es jedoch Leute im Ort, denen das nicht genügt. Sie rufen sogar lange wirksame Initiativen ins Leben, die Hannover den Rang ablaufen können. Eine solche

Initiative lebt seit 1981: es ist die MIMUSE. Sie ist auch im 43. Jahr noch immer vital und hat den Einbruch durch die Corona-Pandemie überstanden.

Die MIMUSE als Open-Air-Veranstaltung während der Corona Epidemie
CC BY-SA 4.0, https://commons.wikimedia.org/w/index.php?curid=132244544

Der Name dieses bedeutenden Kleinkunst-Festivals leitet sich ab von Mini, also klein, und Muse, also einer der griechischen Schutzgöttinnen der Künste. Dabei sollte der Oberbegriff „Kleinkunst" nicht täuschen, geboten wird oft große, wenn auch nicht klassische Kunst.

Wer sich ein wenig in der Szene auskennt, weiß, welche Größen dieser Kunst in Langenhagen schon zu sehen und hören waren. Gern erinnere ich mich an Auftritte von Gerhard Polt, der Biermösl Blosn, Mathias Richling oder Matthias Deutschmann. Viele später sehr gefeierte Künstlerinnen und Künstler waren schon bei der MIMUSE zu Gast, ehe sie richtig berühmt wurden. Gardi Hutter war als Clownin in der Schweiz schon sehr gefragt, nach Norddeutschland jedoch lockte sie das kleine Festival. Diese Aufzählung ließe sich noch lange fortsetzen. Da fällt mir eben noch Georg Schramm ein, dessen Wort- und Redegewalt Maßstäbe kritischer Kunst setzte. Es gibt zum Glück für heutige Besucherinnen und Besucher kein Ende.

Doch wie kam es dazu, dass ausgerechnet Langenhagen auf der Landkarte dieser Kunst fest eingezeichnet wurde? Ein glückliches Zusammentreffen trug solche Früchte. Der Rat der Stadt Langenhagen stellte erstens 1981 im Rahmen der Kulturförderung die eher kleine Summe von 13.000 DM für ein alternatives Straßentheater zur Verfügung. Zweitens arbeitete Udo Püschel als Bauingenieur bei der Stadt und wurde mit der Planung und Durchführung der MIMUSE beauftragt. Das geschah nicht blind, denn er hatte sich bereits als

Organisator von Kulturereignissen bewährt. So in der von ihm mit Klaus Früh, Gerd und Axel Gengelbach gegründeten Arbeitsgruppe Klangbüchse, die Folklore-Festivals für junge Leute veranstaltete. Die Klangbüchse steht als Verein noch heute hinter der MIMUSE. Inzwischen um die 40 ehrenamtlich Tätige arbeiten Jahr für Jahr damit jährlich rund 60 Veranstaltungen gelingen. An ihrer Seite steht die Stadt mit finanziellen Zuwendungen sowie den hauptsächlichen Spielorten: „Theatersaal" und „daunstärs".

Publikum der MIMUSE im neu eröffnete Theatersaal
CC BY-SA 4.0, https://commons.wikimedia.org/w/index.php?curid=132245331

Im Rahmen der MIMUSE werden dem Publikum recht verschiedene Kunstformen angeboten. Eine davon, die 1991 gezeigte Wassily-Kandinsky-Bühneninszenierung „Bilder einer Ausstellung" mit der Musik von Modest Mussorgskij, beeindruckte mich ganz besonders. Da war wirklich etwas für Liebhaber klassischer Musik und der klassischen Moderne. Im gleichen Jahr gab es Commedia dell' Arte, aber auch den Spanier Pep Bou, dessen Seifenblasen mich zauberhaft an den zehn Jahre zuvor bei Roncalli erlebten „Pic" erinnerten. Die Oper „Figaros Hochzeit" mit dem Libretto von de Beaumarchais und der unsterblichen Musik von Mozart als Puppenspiel aufgeführt, war wiederum etwas ganz anderes im Programm.

Lange bevor in Hannover mit dem „GOP" und in Berlin mit dem „Wintergarten" wieder Varietés öffneten, präsentierte Udo Püschel in den neunziger Jahren des vorigen Jahrhunderts ein vielfältiges Programm der Artistik, Bauchredekunst, Zauberei, Kabarett und Komik. Natürlich hat er dies nicht allein geleistet. Viele andere halfen mit, darunter Franz Gottwald.

Es ist wohl klar, dass die Stadt Langenhagen hier im Besitz eines besonders leuchtenden kulturellen Sterns ist. Es gibt viele Erinnerungen und – zum Glück – positive Erwartungen. Die Gewähr dafür bietet die derzeitige Programm-Chefin Inga Herrmann, die seit 2020 die Leitung der MIMUSE übernommen hat. Sie ist zugleich geschäftsführender Vorstand der Klangbüchse. Von ihr stammen auch die Fotos in diesem Beitrag, die sie gemeinfrei bei Wikipedia eingestellt hat.

Wer mehr wissen möchte, beachte bitte den Wikipedia-Eintrag zur Mimuse bzw. Klangbüchse. Das schöne Fotoalbum „15 Jahre MIMUSE und die Folgen" ist leider nur noch antiquarisch erhältlich.

Udo Püschel

Inga Herrmann

Erinnerungen von Anneliese Rudolph
(75 J) - Langenhagen, 2. November 2009[36]

Im Rahmen einer Aktion des Kunstvereins Langenhagen haben Schülerinnen und Schüler der Robert-Koch-Realschule Langenhagener Bürgerinnen und Bürger zu ihrem Leben befragt. Ein Ergebnis ist der nachfolgende persönliche Bericht.

Liebe/r Nachfolger/in, ich möchte Ihnen etwas über meine tolle Zeit in der Arbeiterwohlfahrt erzählen.

Die AWO ist ein Sozialverband, der hilfsbedürftigen Familien oder auch Flüchtlingen in Not hilft. 1932 haben meine Eltern und andere Erwachsene die AWO gegründet.[37] Dadurch bin ich in die AWO geboren worden. Meine erste Sitzung hatte ich mit fünfzehn, sie fand in meinem Elternhaus in der Rosenstraße 7 statt. In dieser Sitzung haben wir über die Familien- und Kinderhilfe diskutiert. Wir haben beschlossen, dass wir jeder hilfsbedürftigen Familie pro Woche ein Paket mit Nahrungsmitteln und Hygieneartikeln vor die Haustür bringen. Für die Kinderhilfe haben wir mehrere Kinderheime und Kindergärten im Umkreis von Langenhagen gebaut. Leider wurde die AWO im Zweiten Weltkrieg nicht zugelassen. Doch 1946 haben wir uns umso mehr dafür eingesetzt, sie wieder zu erlauben, und wir haben uns durchgesetzt.

---

36 Interview und Text: Nermina Topalovic (14.J), Jennifer Fraßdorf(13J.),
   Mehinah Ghoryani (13 J), Klasse 8d, Robert- Koch-Realschule Langenhagen
37 Das trifft so nicht zu, es dürfte sich um den Ortsverband Langenhagen gehandelt haben.

Nach weiteren Jahren hatten wir 1968 unsere erste Begegnungsstätte im Böhmeweg. Dies liegt im Hindenburgviertel. Aus politischen Gründen wurde sie geschlossen. Nach drei Jahren hatten wir unsere zweite Begegnungsstätte in der Freiligrathstraße in Wiesenau. Sie wurde durch die Stadt geschlossen. Die dritte hatten wir im Stadtzentrum in der Kastanienallee. Nachdem wir diese Begegnungsstätte verlassen hatten, fanden wir in der Mensa der IGS Platz, doch weil die IGS die Mensa vergrößern wollte, sind wir in die Peko Halle gezogen. Dort sind wir bis zum heutigen Tage noch aktiv.

1970 bin ich Leiterin von drei Begegnungsstätten geworden. Diese Tätigkeit habe ich 36 Jahre ausgeführt. Mit 45 bin ich zur Vorsitzenden der AWO[38] ernannt worden, das war 1979. Weil ich meine Arbeit mit ganzem Herzen unterstützt habe, wurde ich mit der Marie Juchacz-Plakette[39] und dem Bundesverdienstkreuz ausgezeichnet.

Meine Arbeit in der AWO war natürlich ehrenamtlich. Seit einem Jahr bin ich nicht mehr in der AWO aktiv. Für weitere Fragen stehe ich Ihnen gerne zur Verfügung.

Anneliese Rudolph

Anna Schaumann

Wie wird ein Mensch zur herausragenden Stifterin in seiner Gemeinde? Der Antwort auf diese Frage können wir nur begrenzt auf den Grund gehen. Sicher spielen die familiäre Herkunft, die Erziehung und die persönlichen Grundwerte eine Rolle.

Amts-Gericht **Burgwedel** 10,555 E.

Aug. Ludw. Loeber, Amts-Richter, a. Abl. Com.

H. L. Emme, Actuar
F. L. Reimke zu Bissendorf ⎱ Gerichtsvögte.
H. Schaumann ◎ ⎰

Schauen wir also auf die Herkunft. Im Hof- und Staatshandbuch für das Königreich Hannover aus dem Jahr 1862 ist Heinrich Schaumann als Gerichtsvogt beim Amtsgericht Burgwedel verzeichnet, wie die Abbildung zeigt. Er war zudem Träger des allgemeinen Ehrenzeichens, denn hinter seinem Namen wurde ein doppelter Kreis abgedruckt. Gerichtsvögte waren damals Teil der öffentlichen Verwaltung. Sie galten weniger als ein *Aktuar*, jedoch mehr als ein Gerichtsdiener. Eine gewisse Selbständigkeit bei Gerichtssachen darf man für einen Vogt wohl annehmen.

---

38 Das trifft so nicht zu, es war der Ortsverband Langenhagen.
39 Marie Juchacz hatte mit anderen Personen die Arbeiterwohlfahrt gegründet. „Sie rief den "Hauptausschuss für Arbeiterwohlfahrt" beim Parteivorstand der SPD am 13.12.1919 ins Leben und übernahm den Vorsitz." (Homepage der AWO 2023)

Dieser Cordt Heinrich Schaumann war der Urgroßvater von Anna Schaumann. Sein 1843 geborener Sohn Heinrich zog später nach Langenforth auf die Hofstelle Nr. 5. Dieser recht kleine Vollmeierhof umfasste 27 *Morgen* Acker und 11 ½ *Morgen* Wiese. Er heiratete Luise Catharina Plinke, die vom heutigen Hof Buhmann in Evershorst stammte. Die beiden hatten drei Kinder, die Töchter Auguste und Emma sowie den Sohn Georg Heinrich. Er erbte wie üblich den Hof. Auguste heiratete Eduard Eicke, den Besitzer des Zollkrugs in Brink, Emma war mit dem Pastor Friedrich Schulz verehelicht.

Georg Heinrich konnte den Hof, so wie es damals üblich war, erst nach der Hochzeit übernehmen. Seine Braut Anna Ehlers stammte aus Brink vom Hof Nr. 8. Ihr Vater Heinrich übernahm diesen Hof 1863 und bewirtschaftete ihn zusammen mit seiner Frau Dorothee. Die Ehlers besaßen zwar nur eine Halbmeierstelle, da sie aber mit 32 *Morgen* Acker und 8 *Morgen* Wiese dem Schaumannschen Hof absolut gleichwertig war, dürften der Heirat keine materiellen Bedenken entgegen gestanden haben. Heute erscheinen uns derartige Überlegungen vollkommen fremd. Damals jedoch war das unter Bauern ein wichtiges Thema, wie aus zahllosen bäuerlichen Eheverträgen der Zeit abzulesen ist.

Langenhagen um 1832. Man kann gut die Hagenhufenstruktur erkennen. Die Hofstelle liegt in der Bildmitte. Die heutige Walsroder Straße hieß Chaussee nach Stade.

Georg Heinrich und Anna Ehlers heirateten am 17. Oktober 1895. Am 15. März 1898 kam ihre Tochter Anna zur Welt. Sie blieb das einzige Kind und war damit Erbin des Hofes, dessen Ländereien sich in einem Streifen östlich der heutigen Walsroder Straße erstreckten. Ihre Mutter hatte nur eine unverheiratet gebliebene Schwester, die bereits 1914 verstarb. Damit fiel der Brinker Hof zunächst an ihre Mutter und nach deren Tod im Jahr 1939 ebenfalls an Anna Schaumann. Mit den zwei, wenn auch kleinen Höfen war sie durchaus vermögend.

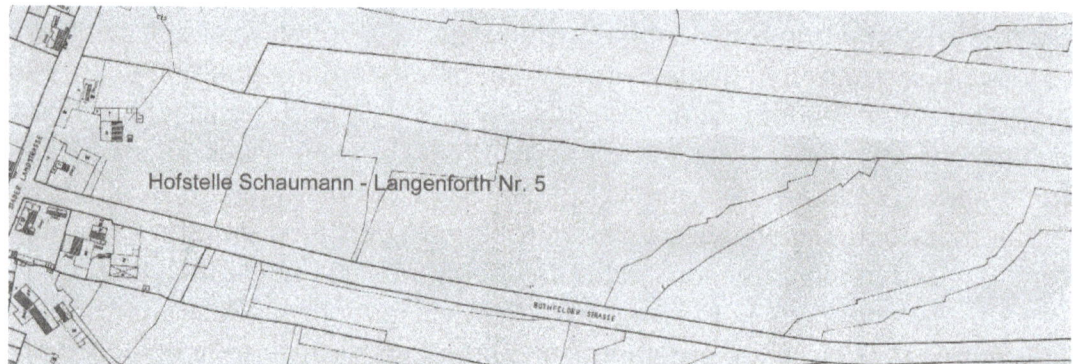

Lage des Schaumannschen Hofes an der damaligen Stader Landstraße. Die Gebäude wurden bei der Baubestandserfassung 1946 als Z = zerstört erfasst.

Ob die Wirtschaft auf den Höfen oder der bald beginnende Krieg eventuelle Heiratspläne von Anna durchkreuzte, wissen wir nicht. Jedenfalls blieb sie unverehelicht. Die Hofgebäude wurden im Krieg weitgehend zerstört. Das Land verpachtete sie dann. So blieb Zeit sich in zunehmenden Maße um soziale Aufgaben zu kümmern. Zunächst galt ihre Fürsorge Heimatvertriebenen und Flüchtlingen. Zudem wirkte sie in der Ortsarbeitsgemeinschaft der freien Wohlfahrtsverbände. Im Roten Kreuz war sie sehr lange engagiert und arbeitete im Vorstand.

Aus dieser Zeit und Tätigkeit datierte auch die Freundschaft mit meiner zehn Jahre älteren Großmutter Dora. Die schon ziemlich alten Damen hielten wöchentlich Telefonkontakt. Da beide erheblich schwerhörig waren, brüllten sie dermaßen in den jeweiligen Apparat, dass ich mit jugendlicher Frechheit behaupten konnte, sie hätten das Telefon eigentlich gar nicht nötig und müssten nur das Fenster öffnen.

Anna Schaumann sprach mit Dora Jagau auch wegen Fragen des anstehenden Verkaufs von Land an die Stadt Langenhagen. Das berichtete meine Großmutter jedenfalls.

Für ihr jahrzehntelanges ehrenamtliches Wirken wurde Anna Schaumann vom Ortsverein des DRK mit der Ehrenmitgliedschaft ausgezeichnet.

Anna Schaumann
Foto: Stadtarchiv Langenhagen

Die Entwicklung der frisch gebackenen Stadt Langenhagen konnte nur südlich der sogenannten „Alten Mitte" Alt-Langenhagens erfolgen. Dafür kamen nur Flächen der Höfe südlich der Heil- und Pflegeanstalt in Frage. Anna Schaumann war genötigt, ihre Grundstücke an die Stadt zu verkaufen. Sie erwarb dadurch ein bedeutendes Vermögen, ohne diesem größeren Wert für die eigene Person beizumessen.

Vielmehr konnte sie ihre Neigung zu Wohltätigkeit und sozialem Engagement auf einer soliden Grundlage verstärken. Ein Grundstück schenkte sie der Stadt als Festplatz für die 1962 gegründete Schützengemeinschaft. Alte Stadtkarten zeigen den Platz noch. Heute stehen auf dieser Fläche das Dormero Hotel, das Kino und das Forum. Der Wert hat sich seit der Schenkung vervielfacht.

Ein weiteres Grundstück schenkte sie der St. Paulus Kirchengemeinde für den Bau der Kirche. Einige Millionen DM ihres Vermögens bestimmte Anna Schaumann für das Senioren- und Pflegeheim, das zu Recht ihren Namen trägt. Auf der Tafel[40], die ihr die Arbeitsgemeinschaft GLieM widmete, ist dazu folgendes zu lesen: Sie unterstützte Vereine, Verbände und Kirchen. So verwirklichte sie ihren persönlichen Leitspruch: „Ich bin ein zufriedener Mensch und möchte, dass auch andere Menschen glücklich sind". ... Am 30. Juni 1981 starb Anna Schaumann im Alter von 83 Jahren in ihrer Heimatstadt Langenhagen im Anna-Schaumann-Stift, wo sie in ihren letzten Lebenstagen betreut wurde.

Hans-Jürgen Jagau

---

40 GLieM-Tafel 88 Langenhagen – Anna Schaumann – Bäuerin und Wohltäterin

Brennerei Schmidt – „Schluck Schmidt"[41]

Gründer der Brennerei am Ort: Heinrich Dusche, Fritz Engelke, Herbert Wieters, Kurt Baumgarte, Heinrich Schmidt, August Gosewisch, Karl-Heinz Münkel, Friedhelm Meier

Acht Kaltenweider Betriebe gründeten in den 60er Jahren eine Kartoffelgemeinschaftsbrennerei, nachdem der Speisekartoffelanbau stark zurückgegangen war. Aus jährlich rund 50.000 Zentnern Kartoffeln, die in einer dazugehörenden Kartoffelscheune auf dem Plessenhof[42] in Krähenwinkel gelagert wurden, wurde in der Brennerei Rohbranntwein erzeugt, der in erster Linie für Industrie und Pharmazeutik gebraucht wurde. Durch Importe aus Drittländern kam es zu einem Preisverfall des Alkohols, so dass diese Produktion unwirtschaftlich und daher aufgegeben wurde. Die Langenhagener Mastschweine mussten in der Folge auf die fein riechenden Rückstände, die Kartoffelschlempe" in ihrem Futter verzichten.

Hans-Jürgen Jagau

---

41 Aus der Hofgeschichte Engelke
42 GLieM-Tafel Nr. 72 - Hof Nr. 5 - Plessenhof

Gabriele Spier

Die Sängerin Joni Mitchell veröffentlichte 1970 ein Lied mit dem Refrain: „Don't it always seem to go,
That you don't know what you've got 'til it's gone".

Im Fall von Gabriele Spier scheint mir das der Fall zu sein. Die Ratsfrau, Lokalpolitikerin und in zahlreichen Ehrenämtern unermüdlich Tätige wurde Zeit ihres Lebens gern mit Aufgaben bedacht, ohne dass dies besonders hervorgehoben worden wäre. Nun ist sie nicht mehr unter uns und ihr Fehlen ist deutlich merkbar.

Gabriele Spier

1971 war sie in die CDU eingetreten und wurde dann 2021 für fünfzigjährige Mitgliedschaft mit einem dicken Blumenstrauß geehrt. Neben ihrer unmittelbar politischen Tätigkeit im Ortsrat Krähenwinkel, im Rat der Stadt und als Vorsitzende des Jugendhilfe-Ausschusses nannte man bei der Ehrung ihre Begleitung zahlreicher kultureller Projekte in und für Langenhagen. Nun, „Begleitung" war ein recht schwacher Ausdruck für das doch offensichtliche Engagement, das hier etwas deutlicher belegt werden soll.

Wer an der FahrKulTour in Langenhagen seit 2009 helfend und mit Angeboten teilnahm (wegen Corona mit Ausnahme des Jahres 2020), wusste die straffe und erfahrene Organisation durch Gabriele Spier zu schätzen. Dabei war es nicht immer leicht, die benötigten Mittel einzusammeln. Die zehnte FahrKulTour wäre beinahe Sparzwängen seitens des Rates zum Opfer gefallen. Erst eine anonyme private Spende von 2.000, - € erlaubte dann doch den Erfolg dieser Jubiläumsveranstaltung. Nach Gabriele Spiers Tod im Jahr 2022 fiel die FahrKulTour aus. Erst 2024 konnte sie im Ansatz wieder auf die Beine gestellt werden.

Am 22.10.2021 meldete die HAZ „Aus Grau wird Bunt – Jugendliche gestalten den 100. Telekomkasten". Sieben Jahre zuvor hatten Gabriele Spier und Ulrike Jagau diese Ferienaktion der Kulturstiftung erstmals begonnen und angeleitet. Sie achteten dabei auf Integration und kreative Entfaltung der Jugendlichen. Professionelle Künstler unterstützten die Aktionen mit Rat und Tat. Wenngleich Puristen die Grafitti-Kunst nur als Schmiererei verstehen wollten, zeigte sich im Verlauf dieser Initiative, dass die oft übel beschmierten grauen

Telefonkästen nun zu Blickfängen im Stadtbild wurden. Und, oh Wunder, die Arbeit, die Gestaltung und der Fleiß der jungen Sprayer wurde meist respektiert. Nur die Telekom ging nach einigen Jahren dazu über, die Bilder mit Werbung für Glasfaseranschlüsse zu überdecken.

Damit die Mittel für das Projekt „StreetArt – aus Grau wird Bunt" von Gabriele Spier und Ulrike Jagau gesichert würden, scheuten beide Initiatorinnen nicht vor werbewirksamen Einsatz an Supermarktkassen.

Hier wird Gabriele Spier von Filialleiterin Yasmin Peprah als „Aktionskassiererin" im dm-Markt an den Elisabeth-Arkaden unterstützt.

Eine weitere ehrenamtliche Aufgabe übernahm Gabriele Spier in der Arbeitsgruppe GLieM (Ganz Langenhagen ist ein Museum). Die Gruppe begann mit ihrer Arbeit 2011, weil von verschiedenen Seiten der Aufbau eines Heimatmuseums in Langenhagen gefordert wurde. Weil in den meisten Nachbargemeinden bereits seit Langem entsprechende Einrichtungen unterhalten werden, war ein weiteres Beispiel nicht sinnvoll. Statt dessen sollte überall in der Stadt auf beachtenswerte quasi museale Punkte hingewiesen werden. Die Arbeitsgruppe machte sich in der Folge daran, mittels Schautafeln auf historische Gebäude, Ereignisse, Firmen oder Personen hinzuweisen. Inzwischen sind 120 Tafeln überall im Stadtgebiet aufgestellt. Wie bei einigen anderen Ehrenämtern übernahm Gabriele Spier hier die Verwaltung der Finanzen.

Die Funktion als Schatzmeisterin hatte Gabriele Spier auch im Vorstand der Kulturstiftung. Nach ihrem Tod war diese Einrichtung nahezu gelähmt. Die kulturelle Arbeit kam weitgehend zum Erliegen. Der Zweck dieser Stiftung ist in der Vereinssatzung festgehalten: *„Zweck der Kulturstiftung Langenhagen e. V. ist die Förderung von Kunst und Kultur in Langenhagen oder im Kontext der Stadt Langenhagen. Die Kulturstiftung dient dabei der Förderung der Toleranz und des Gedankens der Völkerverständigung sowie der Förderung von Wissenschaft und Forschung in allen Bereichen von Kunst und Kultur".* Diese lobenswerte Zielsetzung wird heute kaum noch realisiert. Der Verein scheint erloschen. Schade um diese im Kern wichtige Initiative. Es fehlt jemand mit der Tatkraft, die Gabriele Spier stets bewies.

Den ehrenamtlichen Aufgaben ähnlich ist ihre politische Tätigkeit zu sehen. Dabei ging es Gabriele Spier weniger um Parteipolitik. Sie engagierte sich wegen der Aufgaben, die sie im öffentlichen Interesse sah. Bei der Ratsarbeit folgte sie einem sozialpolitischen Schwerpunkt. Dazu gehörte Engagement in der „Frauen-Union", deren Kreisverband Gabriele Spier bis 2018 als Vorsitzende diente. Aus meiner Sicht zeichnete sie sich bei der politischen Arbeit vor allem dadurch aus, dass sie sich nicht in den Vordergrund drängte, sondern gerne wichtige, dienende Funktionen übernahm. Beispielhaft dafür sind ihre kurz gefassten Texte, die sie ihrer Fraktion zur Vorbereitung der Ratssitzungen zukommen ließ. Sie wollte verhindern, dass Beratungen ohne Kenntnis des Sachverhalts stattfanden.

Ein weiteres Zeichen für ihr soziales Engagement, das weit über Parteigrenzen hinausreichte, war die Beteiligung als Vorstandsmitglied und Unterstützerin an der „Stiftung Sternenkinder" in Langenhagen.

Hier sieht man Gabriele Spier mit Elke Zach und Birgit Ehlers-Ascherfeld aus dem Vorstand der Stiftung bei der Pflanzarbeit auf dem Kirchenfriedhof an der Karl-Kellner-Straße.

Natürlich gehörte Gabriele Spier zum DRK-Ortsverein ihres Heimatortes. Sie fehlte nicht bei Veranstaltungen des Integrationsbeirats. Am CDU-Papier zu den Spielplätzen in Langenhagen wirkte sie maßgeblich mit. Diese Aufzählung kann nur beispielhaft andeuten, was sie alles für das Gemeinwesen leistete.

Hans-Jürgen Jagau

Flucht und Vertreibung – Neubeginn in Langenhagen

Flucht und Vertreibung begegnen uns auch in den ersten Jahrzehnten des 21. Jahrhunderts häufig. Die meisten betroffenen Menschen bewegen sich dabei innerhalb ihres Landes oder in ein direktes Nachbarland. Ein kleinerer, aber beachtlicher Teil wandert auf der Suche nach Sicherheit und besseren Lebensbedingungen auch bis in weit entfernte Länder.

Dies und das damit verbundene Schicksal und Leid erleben Menschen immer wieder aufs Neue. Auch in der Geschichte Mitteleuropas hat es solche Wanderungsbewegungen wiederholt gegeben. So hat auch Langenhagen nach Ende des Zweiten Weltkriegs sehr viele Flüchtlinge und Vertriebene aufgenommen und sich in der Folge verändert und ist stark gewachsen. Von einem Beispiel aus den 1940er Jahren wird hier berichtet.

Peter Lodzig wurde 1881 in Hochkretscham geboren, einem kleinen Dorf im Landkreis Leobschütz in Oberschlesien. Die Grenze zum Königreich Böhmen, damals Teil der Habsburger Monarchie, war nicht weit. Das Dorf heißt heute Wodka und liegt in der *Woiwodschaft Opole* in der Nähe der tschechischen Grenze. Dort wuchs Peter als ältester von 20 Geschwistern und Stiefgeschwistern auf.

Im ersten Weltkrieg musste Peter als Soldat in den Krieg. 1915 wurde er verwundet und nach dem Lazarettaufenthalt wegen mangelnder

 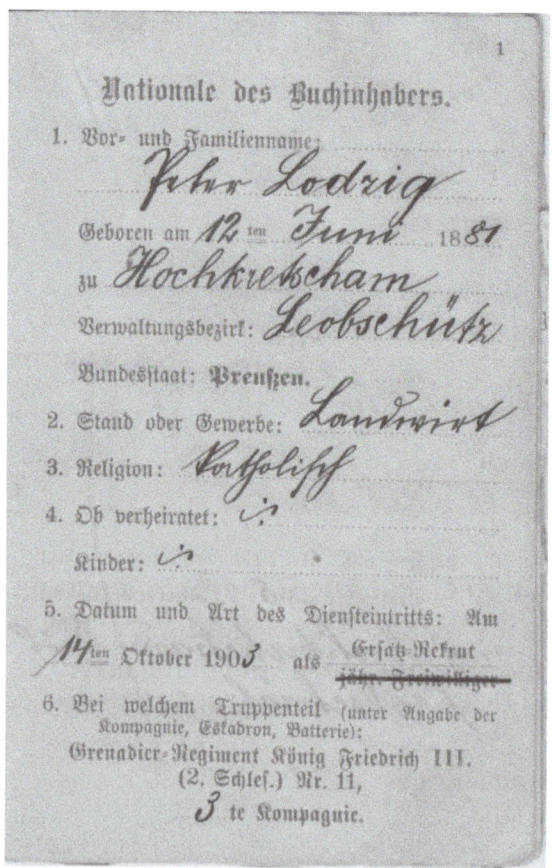

Tauglichkeit nach Hause entlassen. Er heiratete 1921 und von 1922 bis 1933 wurden vier Kinder geboren.

Die Familie und Peter Lodzig waren Bauern, nach heutigen Maßstäben sehr kleine Bauern, aber unter den damaligen Verhältnissen hatten sie ein gutes Auskommen. In den Erzählungen in der Familie wurde oft betont, dass Peter mit Pferden pflügte, nicht mit Ochsen, und das galt als Zeichen kleinen Wohlstands.

Es wurde auch erzählt, dass er, Anhänger der Zentrumspartei, in den 1920er Jahren eine Zeitlang Bürgermeister des Dorfes gewesen sei und dass ihn in den 1930er Jahren die erkennbare Aufrüstung Deutschlands besorgt machte. Er soll immer gesagt haben, dass ein Land, das so rüste, den Krieg wolle.

In der Endphase des zweiten Weltkriegs musste der 1928 geborene Sohn zum Volkssturm. Der Rest der Familie machte sich im März 1945 zusammen mit dem ganzen Dorf mit Pferd und Wagen auf den Weg nach Westen, als sich die Front näherte. Es ging über die Sudeten durch Mähren nach Böhmen. Die Weiterfahrt Richtung Bayern endete Mitte Mai 1945, als sie nördlich von Linz, Passau in Reichweite, von den russischen Truppen eingeholt wurden und ihnen dann die Pferde weggenommen wurden. Über die Grenze nach Österreich kamen sie nicht. Mit dem, was sie tragen konnten, machte sich die Familie dann wieder auf den Rückweg, zu Fuß und mit dem Zug. Ende Mai waren sie wieder in ihrem Heimatdorf.

Peter Lodzig hat in einem kleinen Heft ein Fluchttagebuch geführt, das sich in dem Nachlass einer Tochter fand. Einzelne Seiten sind hier abgebildet, der gesamte Text wird weiter unten wiedergegeben.

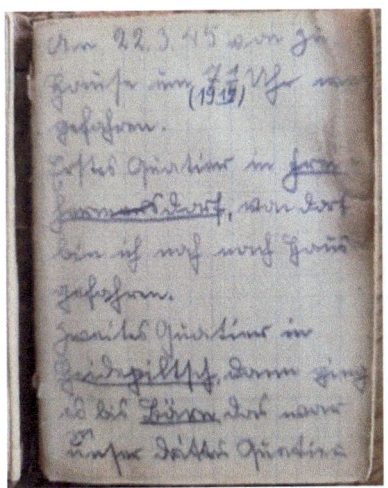

Seiten aus dem Fluchttagebuch

Das Dorf auf dem Treck – Flucht vor der näher rückenden Front

Der Text des Fluchttagebuchs von Peter Lodzig, geschrieben auf der Flucht vor der Front von März bis Mai 1945. [43]

Am 22.3. 45 von zu Hause um 7 ¼ Uhr (19:15) weg gefahren.

Erste Quartier in Freihermsdorf, von dort bin ich noch nach Hause gefahren.

Zweites Quartier in Heidenpiltsch, dann ging es bis Bärn, das war unser drittes Quartier, das vierte mal gingen wir in Luschitz ins Quartier, dann fuhren wir übers *Protektorat* nach Dubitzko. Da traf ich die Jungs aus Guggendorf. Das ganze Dorf .... . Am 30.3. 45 in ein anderes Quartier. Am 31.3. fuhren wir bis Oberwaldsee dort gingen wir ins Quartier. Der Ortsteil hieß Groß-Poidel. Am 1.4. fuhren wir bis Porstendorf, dort bezogen wir Quartier. Dann ging es weiter über Zwittau nach Halsbrunn, dort lagen wir wieder einige Tage im Quartier. Am 7.4. fuhren wir bis ... im *Protektorat,* dort waren wir über Sonntag im Quartier. Dann fuhren wir weiter, in Linsko waren wir über Nacht. Dann waren wir in Larau in einem Gute 10 Wagen über Nacht, dann ging es weiter über Larau und Polnie wo wir gleich zwei Tage im Quartier waren. Dann ging es bis Iglau am 13.4. dort lagen die Wagen und Pferde in der Kaserne. Von da wurden wir auf Dörfer verteilt. Am 14.4. wurden wir vier Wagen nach Zeitau geschickt, die Pferde wurden gut untergebracht, wir waren im Saale und mußten erst abwarten. Am 19.4. früh hat der Schimmel gefohlt, am Abend kam der Johan Lodzig nach hier in Urlaub. Am 24.4. mußten wir weiter und fuhren zuerst bis Wolframs, dort lagen wir eine Nacht, und dann ging es weiter bis Neudorf, am 26.4. waren wir in Pogelin, dort lagen wir wieder über Nacht. Dann ging es weiter über Neuhaus, da lagen wir im Kinosaal über Nacht; am 27.4. gingen wir bis Wittingau:

43 Die Transliteration von der Sütterlinschrift in die lateinische Schrift wurde dankenswerterweise von Joachim Vogler vorgenommen, der auch den Fluchtweg rekonstruiert und kartographisch dokumentiert hat.

In Domani waren wir über Sonntag im Quartier. Dann ging es weiter bis Lieben. Dort blieben wir eine Woche. In der Nacht vom 6. zum 7. Mai hat die *Wlasovbande* Könners Pferde [und] Schrells Wagen weg genommen. Daraufhin fuhren wir weg, denn sie wollten noch mehr Pferde mitnehmen. Wir fuhren die ganze Nacht und den ganzen Tag ungefähr 55 km bis Scheiben bis Oberdammau, dort blieben wir 2 Tage. Dort sahen wir viel Militär vorbei fahren und bekamen wir verschiedene Sachen, aber von da mußten wir auf dem schnellsten Wege fort, denn wir wollten nicht den Russen in die Hände fallen, aber in Pflanzenburg vor Koplitz, ach das war ein schlimmer Tag, so viele Pferde wurden den Leuten weggenommen und schlechte gegeben, wir sind auf Schleichwegen von dort raus gefahren. Onkel Emil wollten sie erschießen, es ist aber noch alles gut gegangen, das war am 11.5. 45.

Dann fuhren wir durch Deutsch Beneschau, über Nacht lagen wir auf der Straße, über Domani fuhren wir nach Wittingau. Dort wollten sie uns nicht durchlassen und sagten wir sind heimatlos, aber nach langem hin und her bekamen wir doch einen Durchlaßschein. Dann fuhren wir bis Pilgrams, dort erlebten wir das Schlimmste, was uns noch treffen konnte, die Pferde wurden uns abgenommen und wir wie die Gefangenen behandelt, den nächsten Tag hat das [das] Internationale Rote Kreuz erfahren, die haben darauf gedrungen und da kommen die Pferde zurück unsere Braune war da geblieben und der Schimmel auch aber die Geschirre waren weg und da hieß es die Leute können mit der Bahn fahren. Vater wollte gleich mit dem ersten Zug. Schade bloß um die Pferde aber Hauptsache Josef kommt nach Haus. Wir haben viel verkauft, denn wir sollten zuerst zu Fuß und da hätten wir nicht viel getragen. Das war am 14.5. beide Räder haben sie uns weggenommen das Herrenrad hat ein Russe und das Damenrad ein Zivilist. Am 15.5. um 7 Uhr fuhren wir das ganze Dorf mit der Bahn, wir müßen überall lange warten.

Auf der Straße vor Kuttenberg 2 Tage, in der Nacht haben russische Soldaten in den Waggons geraubt. Dann fuhren wir bis Kolin, dort blieben wir wieder 1 Tag. Natürlich kamen uns auch Soldaten wieder belästigen. Am 19.5. Pfingstsonnabend ging es wieder weiter bis an die tschechische Grenze im Freien.

Über Nacht das Gepäck hin und her getragen. Am 21.5. Pfingstmontag in Glatz angekommen, dort waren wir 2 Tage beim Luska, am 27.5. waren wir wieder zu Hause.

Fluchtweg der Dorfbewohner von Hochkretscham

Aus Furcht vor der nahenden Kriegsfront begaben sich die Familien von Peter Lodzig und seinen Nachbarn von ihrem Heimatort Hochkretscham aus auf die Flucht durch Tschechien in Richtung Westen. In der Nähe von Deutsch Bene-schau wurden sie von den Russen eingeholt. Als sie nicht über die Grenze nach Österreich kamen und ihnen die Pferde genommen wurden, waren sie zum Rückweg gezwungen. Den Weg von Pilgrams über Prag nach Kolin legten sie in mehrtägiger Eisenbahnfahrt zurück. 65 Tage, nachdem sie ihren Hei-matort verlassen hatten, und nach über 30 Zwischenstationen kamen sie nach einer Odyssee, die sie zu einem großen Teil zu Fuß zurücklegten, nach Hochkretscham zurück.

Wieder auf dem Hof in Hochkretscham angekommen, fanden sie das Haus zerstört vor und ein ausgebrannter Panzer stand auf dem Gelände. Der Keller des Bauernhauses hatte ein stabiles Gewölbe und war noch intakt. Peter Lodzig hat dann mit dem, was er von dem zerstörten Haus noch gebrauchen konnte, ein provisorisches Dach über dem Keller errichtet. Dort wohnte die Familie dann. Der Sohn hatte sich gegen Kriegsende nach Hause durchschla-gen können und so war die Familie wieder zusammen.

Die Zeit war für die Familie in jeder Hinsicht schwer. Russische Soldaten trie-ben das Großvieh zusammen und zwangen Bauern, die Herde als Hirten zu begleiten. Peter konnte sich in einem günstigen Moment im Gelände verste-cken und sich von Herde und Bewachern absetzen. Auf dem Weg nach Hause fand er eine trächtige Kuh, die bei dem Wegtrieb wohl unbemerkt zurückgeblieben war. Er führte sie zu sich auf den Hof und nahm das als gutes Zeichen für einen Neuanfang.

Vor der Flucht hatte Peter noch einen größeren Sack Salz gekauft und eingelagert, wie er für das Konservieren von Lebensmitteln gebraucht wird. Dieses Salz fanden sie nach der Rückkehr im unter den Trümmern begrabenen Keller. Nun konnte er einen Teil des in dieser Situation so kostbar gewordenen Salzes nach und nach gegen andere Dinge eintauschen, die die Familie brauchte.

Zunächst sah es wohl so aus, als würde die Familie im Dorf bleiben, auch wenn das Zusammenleben manchmal schwierig war. Ein früherer polnischer Knecht von einem der Höfe war als Dorfvorsteher eingesetzt worden und spielte seine Macht aus. Als dann 1946 alle vor die Wahl gestellt wurden, Polen zu werden oder Schlesien zu verlassen, entschloss man sich, sich erneut nach Westen aufzumachen.

Westlich von Neiße und Oder hielten die Züge mit den Emigranten dann und wann, und es wurden jeweils Familien aufgefordert, den Zug zu verlassen. Lodzigs kamen dann mit vielen anderen in Hannover an. Wohnraum gab es in den zerstörten Städten und Dörfern viel zu wenig, und so wurden sie, zusammen mit einer anderen Flüchtlingsfamilie, in das frühere Wochenendhaus einer einstmals wohlhabenden hannöverschen Familie nahe der Siedlung Gailhof in einem Wald 20 Kilometer nördlich von Hannover eingewiesen. Es gibt aus dieser Zeit viele Erzählungen über die mühsame Beschaffung von Nahrung, zum Beispiel das Suchen von Pilzen und Beeren und über das *Kartoffelstoppeln* nach der Ernte auf dem Feld.

Obdach für zwei Familien in Gailhof

Die eingesessenen Bauern sahen die Flüchtlinge nicht gern, so dass selbst das Stoppeln von Kartoffeln, also das Suchen nach bei der Ernte übersehenen Feldfrüchten, heimlich und vorsichtig geschehen musste.

Nach und nach fanden die Kinder Arbeit. Die älteste Tochter arbeitete ab 1947 zunächst in einem Geschäft in Hannover und ab 1949 in einer kleinen Fabrik, dem Schott Elektrowerk in Langenhagen, wie auch ihre jüngere Schwester. Die Jüngste war 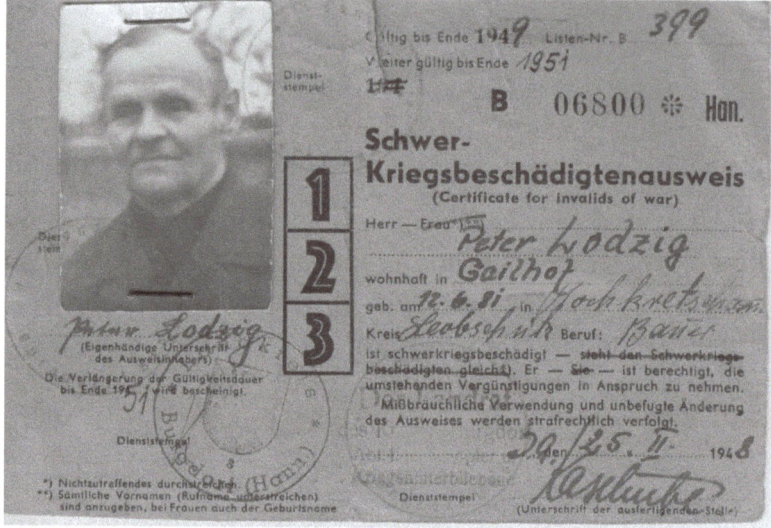 noch schulpflichtig und ging erst in die Dorfschule: Schulkinder jeden Alters in einem Raum, kaum Schreib- und anderes Unterrichtsmaterial, von wenigen und zum Teil durch den Krieg traumatisierten Lehrern unterrichtet. Sie machte dann eine Lehre als Verkäuferin in der Bäckerei Vollerthun in Langenhagen.

Die Familie konnte dann in den Folgejahren in eine kleine Dachwohnung der Werkssiedlung von Schott in Langenhagen ziehen. Dort wohnten alle zusammen, und dort wurde in der kalten Nacht auf den Buß- und Bettag 1956 der Verfasser dieser Zeilen geboren.

Diejenigen, die durch den Krieg große Schäden erlitten hatten, darunter auch die aus den ehemals deutschen Ostgebieten Vertriebenen, bekamen einige Jahre nach dem Krieg die Möglichkeit, einen sogenannten Lastenausgleich als Teilentschädigung für die erlittenen Verluste an Land und anderem Vermögen zu bekommen. Der Nachweis dieser Verluste war schwierig, denn viele hatten keine oder kaum Nachweise. Peter als schon alter Mann und früherer Bürgermeister wurde von denen, die er kannte, öfter als Zeuge herangezogen. So kannte er die Mitarbeiter in diesem Lastenausgleichsamt. In den fünfziger Jahren wurden große Anstrengungen unternommen, für die vielen Vertriebenen und die Eingesessenen, die Haus oder Wohnung verloren hatten, neuen Wohnraum zu schaffen. Dazu gehörte, Siedlungen für ehemalige Bauern aus dem Osten zu bauen, bei denen die Grundstücke mindestens eine Teilselbstversorgung ermöglichten. In Langenhagen waren die Siedlung im Schnittenhorn, wohin der Sohn mit seiner Frau zu seinen Schwiegereltern zog, und kurz darauf der Bauernwinkel solche Siedlungen.

Seine eigene Lastenausgleichsentschädigung ließ sich Peter als Rente aus-
zahlen. Bauern hatten früher oft keine Rentenansprüche und ohne Hof waren
sie mittellos. Als dann diese Siedlungen durch speziell dafür gegründete Sied-
lungsgesellschaften gebaut wurden, musste man die Häuser zum vollen Preis
kaufen, kreditfinanziert durch öffentliche Banken, aber man konnte diese
Siedlungshäuser überhaupt nur bekommen, wenn man lastenausgleichsbe-
rechtigt war.

In der Familie wurde immer erzählt, dass ein früherer Großgrundbesitzer aus
Ostpreußen eigentlich das Grundstück im Bauernwinkel bekommen sollte,
aber dem sei das alles zu klein gewesen. Daraufhin soll der Leiter des Lasten-
ausgleichsamtes getobt und gesagt haben, der nächste, der käme, könne das
Grundstück haben. Ein Mitarbeiter des Amtes hat das wohl gleich Peter erzählt, und der habe sich dann in aller Frühe morgens vor dem Amt angestellt
und sei als erster an der Reihe gewesen. So erwarben er und seine Frau 1958
das Grundstück mit dem Wohnhaus und dem Schuppen im Bauernwinkel.

*Peter Lodzig (mit Mütze) im Juni 1959 vor dem Haus im Bauernwinkel. Der erste Baum
ist gepflanzt und das Leben geht weiter.*

Die Häuser waren von der Siedlungsgesellschaft auf einen Acker gebaut worden, später wurde die Straße befestigt. Für den damals 77jährigen Peter
Lodzig wären die Anlage und Bewirtschaftung des Grundstücks selbst mit Unterstützung seiner Frau zu viel gewesen.

Die älteste Tochter war aber nach Berlin gegangen, wohin ihr Verlobter aus
russischer Kriegsgefangenschaft entlassen worden war und wo er Arbeit gefunden hatte, die zweitälteste blieb allein, nachdem ihr Verlobter gefallen war,

und der Sohn lebte mit seiner Frau im Haus seiner Schwiegereltern. So zog die Jüngste mit Familie mit in das Haus.

Peter Lodzigs Frau Anna konnte noch erleben, dass die Familie wieder ein Heim hatte, in dem sie wohnte, wenn es auch nicht "zu Hause" war, wie es immer hieß. Sie starb zwei Jahre später. Peter lebte noch bis zu seinem Tod im Jahr 1968 in dem Haus.

Rainer Skowronek[44]

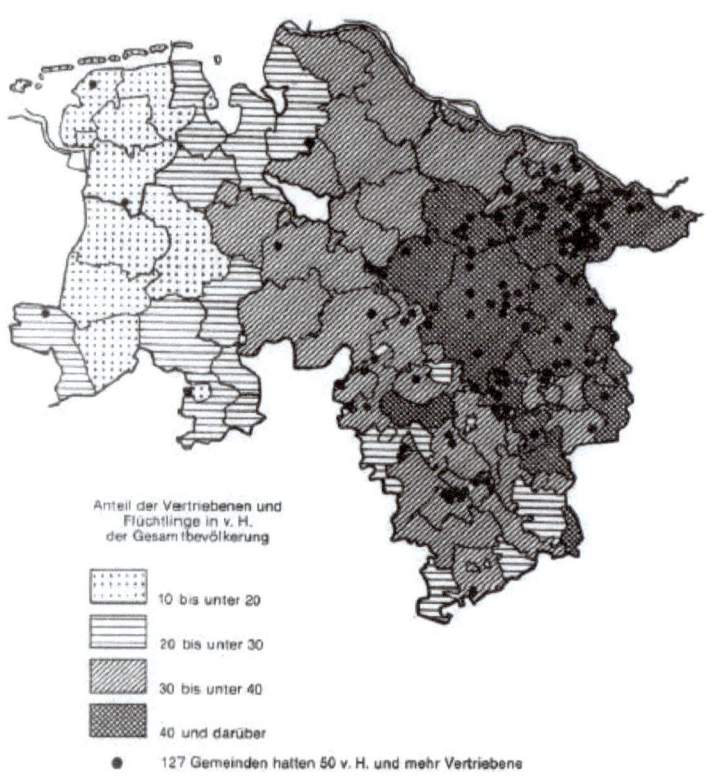

Anteil der Vertriebenen und
Flüchtlinge in v. H.
der Gesamtbevölkerung

10 bis unter 20

20 bis unter 30

30 bis unter 40

40 und darüber

● 127 Gemeinden hatten 50 v. H. und mehr Vertriebene

Die obenstehende Karte zeigt, welche Zuwanderung durch Heimatvertriebene und Flüchtlinge in Niedersachsen verzeichnet wurde. Zunächst empfanden Einheimische dies als Belastung. Später wurde daraus eine Grundlage für die sehr positive wirtschaftliche Entwicklung des Landes Niedersachsen und der Bundesrepublik.

---

44 Bildquellen: Die Bilder stammen aus alten Familienalben und sind im Besitz des Verfassers, ebenso die abgebildeten Dokumente

Weniger ausführlich als bei Peter Lodzig sind die Aufzeichnungen anderer Personen über ihre Fluchtgeschichte. Wir nehmen hier ein Beispiel für Ostpreußen auf, das dennoch die durch das III. Reich verursachte Tragödie ahnen lässt. Hier der Bericht für die **Familie Hoffmann**:

„Wir, die Familie Hoffmann, gingen am 30. Januar 1945 auf die Flucht. Der Konvoy mit den Fahrzeugen der Freiwilligen Feuerwehr Bartenstein ging über Mehlsack, Zinten, Braunsberg in Richtung Frisches Haff. Die russische Front war an der Weichsel bis Danzig durchgebrochen und damit der Landweg nach Westen abgeschnitten. Alle Männer wurden dann in Braunsberg zum Volkssturm eingezogen, Frauen und Kinder mussten zu Fuß oder mit dem pferdebespannten Wagen von Rossen nach Narmeln. Weiter ging es über die Nehrung nach Pillau. Das größte Problem und die größte Sorge war der Beschuss durch russische Tiefflieger und „*Stalinorgeln*". Von Pillau aus wurden Tausende Flüchtlinge nach Westen verschifft. Unsere Fahrt ging dann nach Warnemünde mit dem Frachter Wiking. Auf diesen Fahrten gingen viele große Schiffe durch den Beschuss russischer Torpedos und Bomber verloren. Tausende Menschen verloren ihr Leben in der eiskalten Ostsee. Die größte Sorge unserer Mutter galt natürlich ihren sechs Kindern im Alter von drei, das war Gerdchen und 21 Jahren, das war unsere Dodo. Der älteste Sohn Rudi war damals schon in Italien in Gefangenschaft geraten."

Die Verfasserin dieser Erinnerungen heiratete später nach Langenhagen, wo sie vor einiger Zeit hochbetagt verstarb. Die Gedanken an die verlorene Heimat verblassten im Laufe der Zeit, nicht aber das Grauen vor Krieg und Fluchterlebnissen.

Der siebzehnjährige **Manfred P.** floh aus der neu gegründeten DDR. Seine Flucht beschrieb er in seinen Lebenserinnerungen:

„An den Wochenenden bin ich öfter im Schützenhaus in Taucha zum Tanzen gegangen. Da waren einige Schulkameraden, die waren bei der Volkspolizei (VOPO) und bei der Freien Deutschen Jugend (FDJ). Das gleiche Prinzip wie im Dritten Reich! Man wollte mich überreden auch beizutreten und ich sollte mir die Chance nicht entgehen lassen. Mein erster Gedanke war: nie und nimmer. Einmal habe ich daran geglaubt, Jungvolk und Soldat und nun das gleiche in Rot? Nein.

Immer wieder hörte ich von anderen Jungen, im Westen gibt es Möglichkeiten beim Engländer Arbeit zu bekommen. Sie kamen aus Hannover. Nun hatte ich auch die Absicht abzuhauen, das war hier so der Sprachgebrauch. Meine Eltern haben sich mit mir darüber unterhalten und hatten nichts dagegen. In der Berufsschule hatte ich einen Klassenkameraden kennengelernt, Siegfried Müller. Dem erging es wie mir. Mittelschule, seinen gewünschten Beruf konnte er auch nicht erlernen, und nun war er auch Bäckerlehrling. Mit Siegfried habe ich mich über meine Absicht unterhalten. Von ihm habe ich die Adresse seines Onkels, Gerhard Prollius wohnhaft in Wispenstein bei Alfeld, bekommen. Seine Mutter war die Schwester von Gerhard. Durch Zufall erfuhr meine Mutter von einem jungen Ehepaar mit Kleinkind, daß die auch von hier weg wollten.

Nun habe ich mich mit den Leuten in Verbindung gesetzt. Und am 6. Dezember 1947 sind wir mit dem Zug von Taucha nach Bleicherode gefahren. Dann zu Fuß zum Übergang Fuhrbach Duderstadt in der Britischen Zone. Der Übergang ging gut, es waren ja noch wenig Kontrollen. Hier habe ich mich von der Familie verabschiedet. Nun bin ich mit dem Zug nach Alfeld gefahren und zu Fuß 3 km nach Wispenstein zur Familie Prollius. Siegfried hatte mir für seinen Onkel und seine Tante einen Brief und für seine kleine Cousine Ingrid ein kleines Geschenk mitgegeben. Nachdem ich alles abgegeben hatte, wurde ich gleich sehr freundlich aufgenommen. Kurze Zeit später bin ich nach Hannover zu einem ehemaligen Kriegskameraden von Gerhard nach Hannover-Linden. Man hat mich auch gleich aufgenommen.

Am 8. Dezember bin ich zum englischen Arbeitsamt in Hannover. Und am 9. Dezember wurde ich als Bauarbeiter angenommen, ich fuhr ins Lager zur GCLO 203 nach Bemerode. Die Unterkunft war sehr einfach, wir wohnten in sogenannten Nissenhütten, das sind Blechhütten, aber das hat mir nichts ausgemacht. Hauptsache ich hatte eine Anstellung. Wir wurden jeden Morgen auf einem englischen LKW zur Arbeit nach dem *RSD-Lager* nach Vinnhorst gefahren. Das war das ehemalige deutsche Heeresbekleidungsamt. Hier habe ich in der Heizungsabteilung gearbeitet.

Am 12. Dezember sollte ich auf die Schreibstube kommen. Der englische Major fragte mich, ob ich zur Vorweihnachtsfeier am 18. Dezember für das Lager 160 Stollen backen würde und außerdem noch 4 Torten. Er sagte: „Sie sind Bäckergeselle und wir haben keinen Bäcker im Lager, da haben wir an Sie gedacht." Ich war sofort einverstanden. Ungefähr 400 Meter vom Lager war die Bäckerei Hollemann. Nun kommt das Tollste, ich hatte in meiner Lehre noch nie einen Stollen gebacken, es gab ja in der russischen Zone kaum Zutaten! Nun bin ich zum Bäckermeister Hollemann und habe ihm die Sachlage erklärt. Er hat sich alles angehört und hat gelacht, weil ich noch keinen Stollen backen konnte. Aber er sagte mir, das machen wir schon."

Kurz danach kam er zu den „Engländern" in Langenhagen. Hier zeigt sich wieder die Findigkeit des Manfred P.:

„Im Februar 1949 wurden alle Kolonnen der GCLO nach Evershorst in die Boelcke-Kaserne der ehemaligen Deutschen Luftwaffe am Flughafen verlegt. Wir waren 5 Kolonnen A, B, C, D und E. Die Adresse lautete, Evershorst Langenhagen, Kananoherweg 510 (Eine Deckadresse wegen der DDR) Im Kantinengebäude war eine Großküche und ein großer Eßsaal untergebracht. In der Küche war ich unter den mehreren Köchen ein bißchen über! Deshalb hatte ich wieder eine Idee. Mit unserem Kantinenwirt Herrn Essig habe ich mich unterhalten und ihm den Vorschlag gemacht die Brötchen für die Kantine selbst zu backen. Dann brauchten wir keine teuren Brötchen vom Bäcker kommen lassen. Er war einverstanden. Wir haben alles mit dem Abteilungsleiter und dem englischen Major besprochen Ich sollte alles in die Wege leiten. Nun bin ich nach Langenhagen zum Bäckermeister Vollmer. Die Bäckerei lag auf dem Wege nach Evershorst. Wir brauchten im Durchschnitt täglich 300 Brötchen in der Kantine. Das Mehl habe ich jeden Morgen mitgenommen und die Bezahlung für den Bäcker und die Hefe wurde auf Wunsch des Bäckermeisters täglich mit einem Zentner Kohle beglichen. Die Bäckerei bekam jeden Monat einen Kipper (englischer Dodge LKW) Kohle. Das war für die Bäckerei ein gutes Geschäft. Und den Engländern kostete die Kohle nichts."

Natürlich kam die Liebe und damit die Integration als Neubürger nicht zu kurz:

„Im Sommer 1950 habe ich meine liebe Hildegard kennengelernt. Sie wohnte bei ihren Eltern in Evershorst. In der Kantine war ab und zu Kino da habe ich sie eingeladen, ich wurde auch ihren Eltern vorgestellt. Ihr Vater sagte, als ich fragte, ob sie mit mir ins Kino darf, ja aber bringe sie mir heile nach Hause, Wir haben gelacht. Wenn ich mit dem Motorrad von der Dienstfahrt zurück kam, hat mir Hildegard aufgelauert und ich bin mit nach Hause gegangen und habe mich frisch gemacht. Ihre Mutter hat mir eine Schale Wasser gegeben. Mit ihren Eltern habe ich mich gut verstanden."

Schon 1954 konnte Manfred P. mit seiner Frau Hildegard und dem neugeborenen Sohn in ein Langenhagener Reihenhaus einziehen. Er war inzwischen Kraftfahrer bei einer großen Firma. Dort wurde er bald zum zweiten Cheffahrer befördert. Er konnte deshalb Erfahrungen mit Fahrten zu südlichen Urlaubsgebieten sammeln. 1962 kaufte er den ersten VW-Käfer. Bald reiste die kleine Familie nach Norwegen zu Bekannten. Verschiedene Fernreisen kamen hinzu bis 1967 der erste Wohnanhänger erworben wurde. Die weiteren Lebenserinnerungen von Manfred P. kreisen hauptsächlich um Reisen im europäischen Raum. Das alte Reihenhaus tauschte die Familie gegen ein größeres Haus. Die jeweils genutzten PKW nebst Wohnwagen oder später Wohnmobil spiegeln den wachsenden Wohlstand. Seinen Erinnerungen nach muss man ihn einen glücklichen Menschen nennen.

Mitarbeiterinnen und Mitarbeiter im „Roten Kreuz"

1859 wurde der Schweizer Kaufmann Henry Dunant Augenzeuge des Kriegs zwischen Frankreich und Österreich. 40.000 Soldaten starben in der Schlacht bei Solferino und ihn erschütterte, dass es nur wenig medizinische Hilfe gab. Er beschrieb seine Erlebnisse und forderte:

- die Bildung einer ständigen Hilfsorganisation für Kriegsverwundete,

- in Friedenszeiten sollte diese bei Notfällen Hilfe leisten,

- verbindliche Abkommen zwischen Staaten, die sie verpflichten, Menschlichkeit gegenüber Kriegsverwundeten zu zeigen.

Seine Überlegungen schickte Dunant an alle Regierungen Europas, weshalb sich bereits 1863 in Genf die Delegierten aus 16 Ländern trafen und z. B. als Erkennungszeichen für alle Helfenden die Weiße Armbinde mit dem Roten Kreuz festlegten. Ein Jahr später wurde das „Internationale Komitee vom Roten Kreuz" gegründet.

In Baden gründete sich 1863 die erste Rote-Kreuz-Gesellschaft. Andere Vereine folgten sehr rasch. Am 11.11.1866 wurde in Berlin im Beisein von Henry Dunant und unter der Schirmherrschaft der preußischen Königin der „Vaterländische Frauenverein vom Roten Kreuz" ins Leben gerufen. Der Vaterländische Frauenverein unterschied sich vom bereits 1864 gegründeten „Centralkomitee des Preußischen Vereins zur Pflege im Felde verwundeter und erkrankter Krieger". Denn im Centralkomitee engagierten sich Männer und deren Schwerpunkt lag ausschließlich in der Versorgung von verletzten Soldaten. Der Frauenverein arbeitete von Beginn an auch in der allgemeinen Wohlfahrtsfürsorge und bot Kurse zur Weiterbildung von Frauen an. Mitglied konnte „jede unbescholtene Frau oder Jungfrau" werden.

Langenhagen hat nicht ein „Rotes Kreuz", sondern gleich fünf Ortsvereine. Leider - und das gilt für alle Ortsvereine - haben sich aus den Anfangsjahren kaum Unterlagen erhalten, so dass über die Arbeit der ersten 50 Jahre nur wenig zu berichten ist.

Jeder dieser Ortsvereine ist selbständig, fast alle organisieren Blutspendetermine, und vieles wird in allen Ortsvereinen gepflegt: die regelmäßigen Treffen, bei denen es um den geselligen Austausch und informative Vorträge geht. Es wird und wurde gesungen, gebastelt, gemeinsam verreist und sich vor Ort engagiert, z.B. in Besuchsdiensten und Einladungen an ältere Mitbürgerinnen und Mitbürger. Trotzdem unterscheiden sich die Gruppen, deshalb werden sie hier chronologisch vorgestellt.

Gemeinsam ist ihnen, dass sie das gesammelte oder durch Basare und Beiträge erworbene Geld für andere ausgeben, wie sagte mir ein Vorstandsmitglied im Interview: „Das Geld geht dahin, wo es nötig ist!"

Engelbostel

1903 schlossen sich 13 engagierte Frauen aus Engelbostel, Schulenburg und Godshorn zum „Vaterländischen Frauenverein" zusammen. Aus der Anfangszeit gibt es leider keine schriftlichen Überlieferungen.

Heute sind mehr als 200 Personen in Engelbostel Mitglieder im Roten Kreuz. Natürlich gibt es die regelmäßigen Treffen und vier Blutspendetermine im Jahr. Ein besonderer Schwerpunkt der Arbeit ist die Kleiderstube, die auf Idee der Vorsitzenden Cornelia Mattutat seit 2009 betrieben wird. Ein engagierter Helferkreis kümmert sich um die ca. 100 Menschen, die die Kleiderstube wöchentlich aufsuchen. Für ganz kleine Summen wechseln gut erhaltene Kleidung, Spielzeug, Kinderbücher und Haushaltsgegenstände ihre Besitzer.

Und das eingenommene Geld wird wieder ausgegeben, zunächst für die Miete des Gebäudes, darüber hinaus werden z.B. die Obdachlosen-Stiftung oder die Kinder- und Jugendstiftung des Roten Kreuzes unterstützt!

Kleiderstube des DRK Engelbostel, Wilhelm-Hirte-Straße Nr. 29

Langenhagen

1904 war es in Langenhagen Ida Gerlach, die Ehefrau des Pastors, die den Frauenverein ins Leben rief. Leider sind im Krieg alle Unterlagen vernichtet, aber eine 1954 erstellte Chronik berichtete von Besuchen bei *Wöchnerinnen* und der Unterstützung von Notleidenden. Schon 1912 gab es so viele Mitglieder, dass sich verschiedene Gruppen in Brink, Wiesenau, Krähenwinkel und Kaltenweide bildeten. Im I. Weltkrieg wurde auf dem Gelände der Heil- und Pflegeanstalt ein Pavillon als Lazarett eingerichtet. Sieben Frauen des Vereins machten eine Ausbildung als Schwesternhelferin und übernahmen die Pflege der Verwundeten. Andere Frauen strickten oder nähten Wäsche für die Soldaten. Die „Brinker Fettpakete Aktion" bedeutete, dass 12 Schweine erworben, geschlachtet und in Dosen verpackt an die Front geschickt werden konnten. Auch die hungernde Bevölkerung wurde versorgt. In den 20er Jahren war Josi Breimer, die Ehefrau des Fabrikanten Erwin Breimer, diejenige, die die Arbeit prägte. 1937 wurde das Rote Kreuz *gleichgeschaltet* und neu organisiert. So entstanden parallel zu den 15 Wehrkreisen des Militärs 15 Landesstellen des Roten Kreuzes. Im April 1938 fielen alle Wohlfahrtseinrichtungen an die NS-Frauenschaft und das Jugendrotkreuz ging in der Hitlerjugend auf.

Während des Krieges waren die Rote Kreuz Schwestern in Lazaretten, in den Luftschutzbunkern und bei der Betreuung von Ausgebombten und Flüchtlingen behilflich.

Nach dem Krieg lösten die Alliierten das Rote Kreuz auf und doch waren es die Mitglieder des Roten Kreuzes, die internationale Hilfe erhielten und in Langenhagen 1947 und 1948 Pudding- und Kakaospeisungen durchführten oder 50 Kinder für sechs Wochen ins Schwedenheim in Hannover vermittelten, wo sie „aufgepäppelt" werden konnten.

Weitere Aufgaben für das Rote Kreuz ergaben sich aus der Not der Nachkriegszeit, denn in Langenhagen waren 65% der Häuser zerstört, weitere 20% unbewohnbar. Die Flüchtlingsunterkünfte waren oft nicht zu heizen. Hilfslieferungen von Lebensmitteln und Kleidung aus dem Ausland mussten gerecht verteilt werden.

Schon 1948 wurden erste Pakete für das Lager Friedland gepackt und 1953 beteiligte man sich an der *Berlinspende*.

Das Geld für Wohltätigkeitsprojekte erwirtschafteten die Frauen mit den Einnahmen beim Adventsbasar, den es von 1966 bis in die neunziger Jahre gab und durch Haussammlungen. Das Geld kam zum Beispiel dem 1971 gegründeten „DRK Kinderparkplatz", dem späteren Kinderspielkreis, zugute, einer Einrichtung, die zweimal wöchentlich von 30 Kindern besucht werden konnte. Ab 1980 gab es die regelmäßigen Seniorentreffen und 1981 eröffnete die

Sozialstation. 1996 eröffnete das „DRK-Kleiderstübchen" am Reuterdamm im Privathaus der damaligen Vorsitzenden Amely Marheineke-Hey. Während des Bosnienkriegs (1992-1995) versorgte diese DRK-Gruppe alte Menschen und Frauen mit Kleidung, Hygieneartikeln, Lebens- und Arzneimitteln. Auf dem Markplatz demonstrierten zunächst nur die DRK-Frauen - andere schlossen sich an - gegen ethnische Säuberungen und sexualisierte Verbrechen, denen 20.000-50.000 Frauen zum Opfer fielen.

Diese Ortsgruppe lädt vierzehnmal im Jahr zur Blutspende ein. Außerdem gibt es verschiedene Angebote für die Mitglieder, z.B. die wöchentlichen Treffen. Einmal im Monat sieht man sich zum sonntäglichen Frühstück oder Kaffeetrinken, zum gemeinsamen Singen oder zum Gesprächskreis. Auch dem Jahresverlauf wird Rechnung getragen: Rosenmontag, das Frühlingsfest, sommerliches Grillen, Wurstessen und eine Adventsfeier gehören zum Vereinsleben.

Schulenburg

1914 trennten sich die Schulenburger und die Godshorner vom Engelbosteler Roten Kreuz. Die Gründe für die Verselbständigung sind nicht überliefert.

In Schulenburg gab es die Erinnerungen einer Dame, die 1938 der Ortsgruppe beitrat und diese wurden in den 60er Jahren festgehalten. So ist bekannt, dass während des Krieges - wie auch aus Langenhagen - Schwesternhelferinnen am Bahnhof Dienst taten und nach Bombenangriffen Erste Hilfe leisteten. Ab 1948 wurde bei Haussammlungen um Unterstützung für die Bedürftigen gebeten.

1950 wurde Erna Eike 1. Vorsitzende und blieb es bis 1980. Geld für Notleidende wurde immer gebraucht und bei den alle zwei Jahre stattfindenden Osterbasaren eingenommen. Seit 1986 konnten sich die Mitglieder im neu erbauten Dorfgemeinschaftshaus treffen. 130 Menschen waren damals Mitglied, auch wenn es 2022 „nur" 89 sind, ist das angesichts des Mitgliederschwunds in allen Vereinen und Parteien ein hervorragendes Ergebnis. Und es ist eine Bestätigung für die gute Arbeit der Vorsitzenden. Neben den Seniorennachmittagen sind alle Schulenburger Senioren seit 1999 zum beliebten Oster- und Weihnachtsfrühstück eingeladen. Regelmäßige Ausflüge, Vorträge zur Gesundheitsprävention und zu Sozialfragen, Gymnastik-Nachmittage und mehrtägige Reisen, z.B. nach Wien, München oder Berlin, ergänzen das Programm.

Godshorn

Die Godshornerinnen machten sich ebenfalls 1914 selbständig. Zunächst zehn Frauen trafen sich regelmäßig zu Hause bei den Mitgliedern und ließen sich als Schwesternhelferinnen ausbilden. Während des I. Weltkriegs stiegen die Mitgliederzahlen und es wurden Sammlungen durchgeführt zur Unterstützung der notleidenden Bevölkerung. Nach der Wiedergründung 1946 übernahm Dora Warmbold, die auch Gemeindedirektorin war, das Amt der 1. Vorsitzenden. Schon in diesen ersten Nachkriegsjahren wurde für Leprakranke gestrickt und Kleidung für das Lager Friedland gesammelt. Die Treffen fanden in einer Gaststätte statt. Seit den 60er Jahren wurden regelmäßige Blutspendetermine angeboten, Altkleidersammlungen und 1.-Hilfe-Kurse durchgeführt. 297 Mitglieder zählte der Ortsverein 1968, zehn Jahre später waren es 325. Seit 1974 gibt es eine Begegnungsstätte. Das DRK Godshorn bietet und bot - wie die anderen Ortsvereine - wöchentliche Treffen, Ausflüge, Vorträge und Radtouren an. Das DRK beteiligt sich am Dorfgemeinschaftsfest. Bei Notfällen und Katastrophen, z.B. Großbränden, ist das DRK tätig. Es wurde und wird im Ort geholfen, z.B. bei der Ausstattung des Asylbewerberheims mit Möbeln, Hausrat und Garderobe. Unterstützt wurde das DRK Sommerzeltlager in Mardorf, das Therapiezentrum Mardorf und das Lager Friedland. Pakete für Notleidende in Polen oder Ost-Berlin wurden gepackt.

(Chronik: „Deutsches Rotes Kreuz, 100 Jahre Ortsverein Godshorn")

Kaltenweide

1962 beschlossen 12 Kaltenweiderinnen einen DRK Ortsverein zu gründen. Frieda Gröner war die erste Vorsitzende, die dieses Amt 27 Jahre ausübte.

Was mit 12 engagierten Frauen begann, wurde zu einem Ortsverein von gut 250 Mitgliedern in den 90er Jahren. 1993 übernahm Elli Müller-Matheis das Amt der 1. Vorsitzenden. Der Zusammenhalt und das Engagement für Kaltenweide waren groß, so wurde jedes Jubelpaar, jede Kaltenweiderin und jeder Kaltenweider ab dem 70. Geburtstag besucht und beschenkt. Seit 1992 gab es den „Herrentreff". Viele Jahre wurden Weihnachtsfeiern für alle Älteren und ein jährlicher Basar organisiert. Mit dem eingenommenen Geld konnten Bedürftige im Ort und weltweit unterstützt werden. Regelmäßig verlebten Kinder aus Kaltenweide unbeschwerte Ferientage im DRK Kinderheim in Einbeck.

Auch als der Kapelle auf dem Friedhof Weiherfeld ein Altartuch fehlte, wurden die Damen des Roten Kreuzes aktiv und häkelten - nach eigenem Entwurf - die Altardecke.

Entwurf zur Altardecke

Die internationale Arbeit des Deutschen Roten Kreuzes erhielt ebenfalls Zuwendungen. Das Deutsche Rote Kreuz hatte nach dem Tsunami 2004, dem mehr als 230.000 Menschen zum Opfer fielen, bereits im März 23,7 Millionen Euro Soforthilfe zur Verfügung gestellt. Der Ortsverein Kaltenweide organisierte ein Benefizkonzert, um weitere Gelder zu generieren.

Schon 1993 fuhr ein eigener Konvoi mit Hilfsgütern in die Ukraine. Im Vorfeld war abgeklärt worden, was denn benötigt würde und es wurden Medikamente, Transportbetten, Verbandsmaterialien, Gehhilfen, Ultraschallgeräte, Bettwäsche, Babykleidung und -nahrung, Schreibwaren, Lebensmittel und Kinderschuhe mitgenommen. Ein großer Verwaltungsaufwand, der mehr als einen Aktenordner füllt.

Elli Müller-Matheis

Man hätte gern mehr für die Menschen getan, allerdings waren weitere Fahrten nicht möglich, da für die Hilfsgüter noch Zollgebühren in der Ukraine hätten entrichtet werden müssen.

Der Verein lebte. Gemeinsam wurde in die Toskana, nach Leningrad/St. Petersburg, Ostpreußen oder Breslau gereist. Es gab den Bastel- und den Spiel- und Spaßkreis. Wurde Sterbebegleitung gewünscht, konnte geholfen werden und als die Tafel ihre Arbeit in Kaltenweide aufnahm, unterstützte das DRK maßgeblich. Natürlich gab es regelmäßige Termine für Blutspenden, so konnte 2009 der 10.000 Blutspender begrüßt werden.

Trotz allen Engagements der Beteiligten mussten sich die Ortsvereine aus Kaltenweide und Krähenwinkel 2022 zusammenschließen. Dabei handelte es sich nicht um eine Übernahme oder eine „Zwangsheirat", eher um eine „Vernunftehe", die sich zu einer Liebesbeziehung entwickelte. Den ersten Vorsitz übernahm Horst Waldfried, der diese Aufgabe in Krähenwinkel bereits seit 2011 ausübte.

Der OV Krähenwinkel war der jüngste Ortsverein

Er gründete sich am 1966 mit 12 Mitgliedern. Er ist aus dem 1. Hilfelehrgang, der von Herrn Eckert gehalten wurde, hervorgegangen,[45] Heute (2024) sind es mehr als 350 Mitglieder.

Bereits 1967 fand der erste Basar statt, auf dem selbst gekochte Marmelade, Gebasteltes und Handarbeiten verkauft wurden. Diese Tradition wird bis heute fortgeführt, denn gemeinsames Basteln und Handarbeiten macht den Beteiligten viel Freude und die Einnahmen werden bis heute benötigt. In den 70er Jahren wurde die gesamte Heizungsanlage eines Altersheims in der DDR finanziert. Die Aktion "Krähenwinkler helfen Krähenwinklern" erhält Unterstützung, genauso wie die Kinder- und Jugendstiftung des Roten Kreuzes, die Ukraine-Hilfe und die Wasserwacht bei der Anschaffung eines Unterwasserroboters. Geld wird benötigt, um die Bewohnerinnen und Bewohner des Anni-Gondro-Heims, des Anna-Schaumann-Stifts und des Margarithenhofs zum Frühlings- und Weihnachtsfest einzuladen. Die über 90jährigen erhalten in Krähenwinkel einen Geburtstagsbesuch.

Für die Krähenwinkler und Kaltenweider gibt es vier monatliche Treffen, vier Tagesfahrten und eine mehrtägige Reise im Jahr. Es treffen sich regelmäßig eine Handarbeits- und Skatgruppe und die Brustkrebs-Selbsthilfegruppe.

Während der Corona-Epidemie wurde in Krähenwinkel das „Impf-Taxi" erfunden. Für ältere Menschen war das Impfzentrum in Laatzen nur mit mehrfachem Umsteigen besonders beschwerlich zu erreichen. Deshalb wurden mehr als 500 Seniorinnen und Senioren zum Impfzentrum gefahren, begleitet und zurückgebracht. Dieses gute Beispiel machte Schule, so dass auch das Rote Kreuz in Engelbostel diesen ehrenamtlichen Fahrdienst älterer Mitbürgerinnen und Mitbürgern anbot.

Krähenwinkel ist die einzige Ortsgruppe in Langenhagen, die intensiv seit 14 Jahren Jugendarbeit betreibt. So gibt es eine Gruppe der Kinder bis ca. zehn

---

45 50 Jahre DRK Ortsvereins Krähenwinkel 1966-2016, S. 2

Jahren und eine weitere, deren ältestes Mitglied 21 ist. Das Jugend-Rote-Kreuz leistet vor Ort beim Bauernmarkt oder Kirchenfesten Sanitätsdienste. Bei den Blutspendeterminen übernimmt es die Datenaufnahme der Spenderinnen und Spender am Computer.

Ehrungen:

Die Arbeit aller Ortsvereine des Roten Kreuzes wird und wurde von engagierten Menschen getragen. Im Jahresbericht der Ortsgruppe Kaltenweide werden für 2001 26.445 Stunden genannt. Diese Arbeit für die Menschen im Ort oder weltweit ist im wahrsten Sinne des Wortes unbezahlbar. Einige der Vorsitzenden wurden besonders geehrt.

Bevor Bertha Schneider sich politisch engagierte, war sie bereits aktiv im Roten Kreuz. Sie war Vorsitzende in Langenhagen und initiierte den Kinderspielkreis, den Besuchsdienst, die Altentagesstätte und die Sozialstation. Auch für dieses Engagement erhielt sie das Bundesverdienstkreuz am Bande (1973) und 1.Klasse (1990) und die Ehrenbürgerwürde der Stadt Langenhagen.

Frieda Gröner (Kaltenweide) erhielt 1976 das Ehrenzeichen des DRK und 1983 das Bundesverdienstkreuz. Im Neubaugebiet Weiherfeld erhielten 39 Straßen Namen nach bedeutenden Frauen, auch Frieda Gröner ist Namensgeberin.

Amely Marheineke-Hey (Langenhagen), die die Kleiderkammer in ihrem Haus am Reuterdamm unterbrachte, die die Demonstrationen gegen ethnische Säuberungen und sexualisierte Gewalt während des Jugoslawien Kriegs organisierte, wurde 2002 mit dem Verdienstkreuz geehrt.

Annelie Boy engagierte sich in Godshorn für die Städtepartnerschaft mit Le Trait, ist Ehrenmitglied im TSV Godshorn, ist Mitglied der AWO, war Mitglied im Präventionsrat der Stadt Langenhagen und seit 1960 Mitglied im DRK, davon viele Jahre im Vorstand. Sie organisierte Kleider- und Möbelsammlungen für Bedürftige. 2014 wurde sie mit der Jean Henri Dunant-Medaille, der höchsten Auszeichnung der Internationalen Rotkreuz-Bewegung, und 2016 mit dem Bundesverdienstkreuz geehrt.

Gesine Saft war langjährige Politikerin in Langenhagen und ist Mitglied des Roten Kreuzes, war neun Jahre 1. Vorsitzende in Langenhagen und erhielt für ihr vielfältiges Engagement 2017das Bundesverdienstkreuz.

Der Internationale Suchdienst des Roten Kreuzes

„Nur wegen der Arbeit des Suchdiensts bin ich im Roten Kreuz."
„Sie haben das Schicksal meiner Familie geklärt, darum bin ich Mitglied!"
Das sind Zitate aus Langenhagen. Seit der Gründung 1863 ist der Suchdienst eine Kernaufgabe des Roten Kreuzes. Praktisch übernahm 1870 im Deutsch-

Französischen Krieg das Rote Kreuz erstmalig die Aufgabe, Schicksale von Vermissten zu klären.

Über das Schicksal von 900.000 Soldaten war Ende des II. Weltkrieges nichts bekannt und 300.000 Kinder waren auf der Flucht von ihren Angehörigen getrennt worden. Allein bis 1950 wurden seit Kriegsende 14 Millionen Suchanfragen gestellt, mehr als 8 Millionen Mal konnte das DRK Auskunft erteilen. Dies gelang mit Hilfe unzähliger ehrenamtlicher Helfer des RK, die versuchten, jeden Heimkehrenden zu befragen. Daran beteiligten sich unsere Ortsvereine. Die Mitglieder machten Hausbesuche, führten Interviews, sammelten Informationen und leiteten diese weiter. In der Zentralen Namenskartei des DRK gibt es 50 Millionen Einträge.

Auch heute wenden sich Menschen an den Suchdienst, um Familienangehörige zu finden oder Schicksale zu klären. Das sind z.B. Flüchtlinge aus der Ukraine genauso wie Asylbewerber, die Familienmitglieder suchen oder den Kontakt zu Angehörigen in der Heimat verloren haben.

Kleiner Exkurs:

Bis in die 50er Jahre erkannte man in Hannover die politische Einstellung seiner Mitmenschen an der Wahl des Krankenhauses.

Das Friederikenstift wurde von bewussten Stadt-Hannoveranern aufgesucht. Es entstand 1840 als „Frauenverein für Armen- und Krankenpflege" und war das erste Krankenhaus in Hannover. Anhänger der Welfen gingen ins Henriettenstift, das 1859 durch eine Spende der damaligen Königin Marie gegründet werden konnte.

Das Clementinenhaus wurde 1875 von Olga von Lützerode ins Leben gerufen, die es bereits ein Jahr später dem Vaterländischen Frauenverein des Roten Kreuzes unterstellte. Dieses Krankenhaus und seine Schwesternschaft zeichneten sich durch eine besondere Nähe zum Kaiserhaus aus. Die Kaiserin besuchte mehrfach das Haus und stiftete große Summen. Die wachsende Stadtgesellschaft und die preußische Beamtenschaft fühlten sich hier besonders wohl.

Dr. Heike Brück-Winkelmann[46]

---

46 Ich bedanke mich für Gespräche mit Frau Mattutat (Engelbostel) Frau Lammers (Schulenburg), Frau Boy (Godshorn), Frau Rust (Langenhagen), Frau Müller-Matheis (Kaltenweide), Herrn Waldfried (Krähenwinkel-Kaltenweide) und Frau Saft (ehem. Rote Kreuz Langenhagen). Sie alle unterstützten mich bei der Recherche und stellten mir Informationsmaterial zur Verfügung, so die Chroniken von Schulenburg, Godshorn und Krähenwinkel-Kaltenweide.

Langenhagen - Stadt im Grünen

Feld, Wald und Wiese – Leben in Natur und Landschaft

Wir blenden zurück in das 12. und 13. Jahrhundert zu den Anfängen der Besiedlung unseres Raumes und betrachten die Ursprungssituation der Flächen, die heute das Stadtgebiet von Langenhagen ausmachen.

Von Südwesten her breitete sich um Hannover herum über Langenhagen bis nach Bothfeld ein dichter Urwald aus, der sogenannte Lauenwald. Der Name Lauenwald ist aus dem alten Wort „Lawa", der Bezeichnung für Gerberlohe abgeleitet. Diese Lohe wurde vorwiegend aus Eichenrinde gewonnen und diente als Gerbmittel für Leder. Insofern waren sicherlich Eichen die dominierende Baumart des Waldgürtels, landschaftsprägend, als erste Siedler sich hier niederließen.

Heute sind von dieser ursprünglich zusammenhängenden Bewaldung nur noch Restflächen übrig geblieben. Diese sind im Westen die sogenannte „Mecklenheide" und auf unserem Stadtgebiet die Flächen des „Staatsforsts Kananohe". Auch der Name „Kananohe" geht auf den Begriff „Lawa" und „Lohe" zurück. Aus „Lohe" wurde hier „Kahlen Loh", kalte Lohe und später über die Lautverwandtschaft zur heutigen Bezeichnung „Kananohe" abgewandelt [47].

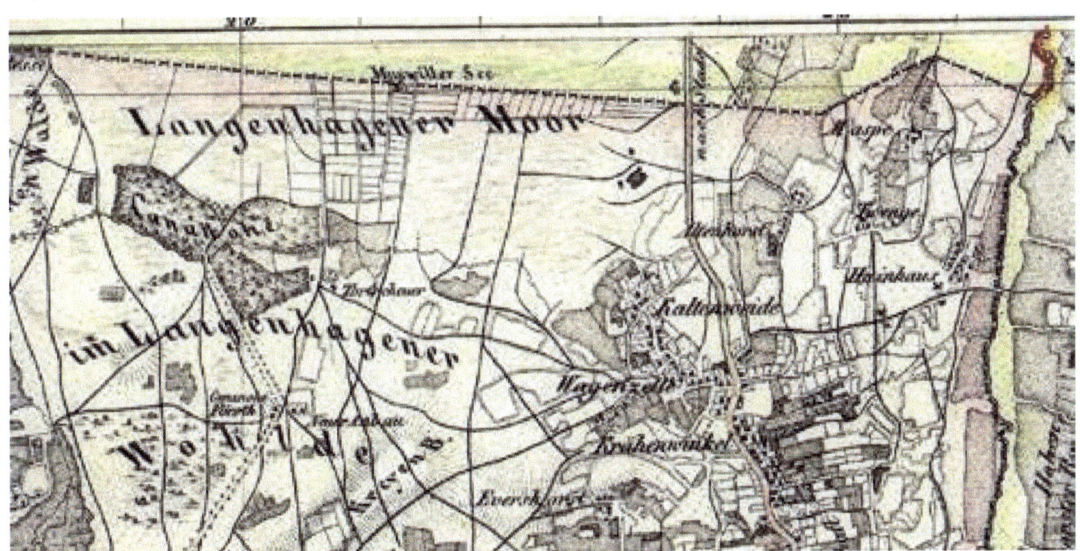

Der Norden Langenhagens; das Langenhagener Moor mit dem Muswillensee und dem Forst Kananohe. Ausschnitt aus einer Karte des Topographischen Atlas; A. Papen 1832

Noch vor der beginnenden Besiedlung unserer Gegend waren die Wälder schon von Handelswegen durchzogen. Diese verbanden frühe Siedlungen. Über diese Wege war ein Produktaustausch über weite Entfernungen möglich.

---

47 GLieM- Tafel Nr. 117- Forstort Kananohe

Für diese Handelswege, zum Beispiel von Hannover nach Stade an die Elbe, der sich durch das spätere Langenhagen zog, wurden Waldschneisen geschlagen, möglichst geradlinig, um kürzere Verbindungen zu erreichen.

Es war aber keineswegs immer dichter Urwald, durch den die Wege führten. Gerade in unserem Raum nördlich von Hannover lagen viele Moore buchstäblich „im Wege". Da boten sich dann flache Geestrücken an, auf denen man wenigsten halbwegs trocken vorankommen konnte. Deshalb sieht man auf der nachfolgenden Karte einen deutlichen Bogen, denn der Handelsweg, die spätere Walsroder Straße, folgte dem hier etwas höher gelegenen Rücken.

Erste Besiedlung und deren Auswirkungen

Um das Jahr eintausend nach Christus entstanden in unserem späteren Stadtgebiet die ersten Ansiedlungen. Von den Langenhagener Ortschaften ist Engelbostel die älteste Siedlung, im Jahr 1050 erstmalig genannt. Langenhagen selbst wurde 1312 erstmals urkundlich erwähnt, zunächst als Nigen- oder Nienhagen, ab 1550 als Langenhagen. Vermutlich ist die Dorfschaft sogar 100 Jahre älter. Diese Annahme wird dadurch bestätigt, dass die Siedlungsperiode der sogenannten *Hagen-Hufendörfer* hier um 1200 begann, das heißt, die Siedlung hat mit Sicherheit schon vor der ersten urkundlichen Erwähnung bestanden.

In den dichten Lauenwald wurde die Besiedlung entlang des alten Handelsweges von Hannover nach Stade vorangetrieben. Es entstand die Hagen- Hufensiedlung mit 30 Hofstellen und jeweiliger Frontlänge am Weg von etwa 100 Metern. Diese „Straßen"-Siedlung erstreckte sich ungefähr von der heutigen Straße *An der Furth* im Süden bis zum *Hainhäuser Weg* im Norden auf einer Länge von ca. fünf Kilometern. Die Namen der späteren Ortsteile Krähenwinkel oder Langenforth waren zu dieser Zeit noch nicht gebräuchlich, sie entstanden erst im Zusammenhang mit der Bildung von Bauerschaften um 1600; die gesamte Siedlung bildete das Dorf Nienhagen, später Langenhagen.

Charakteristisch für die Besiedlung waren die sogenannten *Hagen-Hufen*, landwirtschaftlich genutzte Flächen, die von Baumreihen, in der Regel Eichen und Buchen oder Dornhecken eingefriedet waren, quasi „eingehegt", was in Zusammenhang mit dem Begriff *Hagen* steht. Die Besitzer waren die sogenannten *Häger* des *neuen Hagens*, woraus sich zunächst der Ortsname *Nigenhagen und s*päter der *lange Hagen,* somit dann *Langenhagen* entwickelte.

Die auf den Eigentumsgrenzen stehenden Baumreihen und Hecken prägten über Jahrhunderte das Erscheinungsbild des Dorfes. Von den ersten zeichnerischen Darstellungen Langenhagens bis hin zur Preußischen

Landesaufnahme von 1896 erkennt man diese markanten Grundstücks-grenzen.

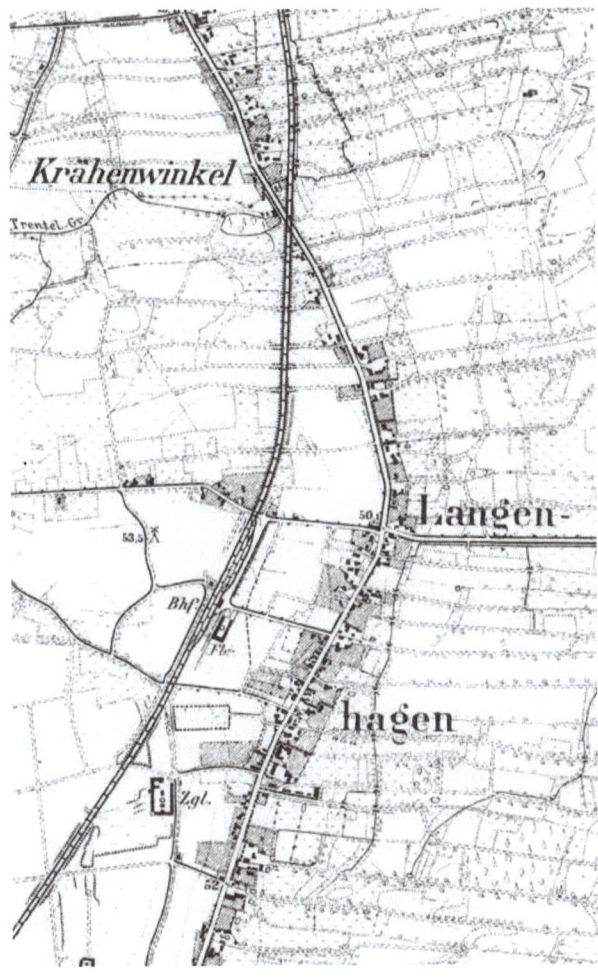

Noch auf der Preußischen Landes-aufnahme von 1895 sind die Grundstücksgrenzen durch Baumreihen und Hecken zu erkennen.

An wenigen Stellen zwischen Krähenwinkel und Langenhagen kann man östlich der Walsroder Straße diese markierten Grund-stücksübergänge heute noch sehen.

Vom Abschluss der ersten Siedlungsperiode hat sich bis zum Mittelalter die Landschaft grundsätzlich verändert. Es entstand eine zusammen-hängende Kulturlandschaft, aus der der Wald weitestgehend verdrängt war.

Der Norden Langenhagens war von weiten Moorflächen gekennzeichnet, die sich von Westen her von Neustadt am Rübenberge bis in das Langenhagener und Bissendorfer Moor hinzogen. Auf das heutige Stadtgebiet übertragen, reichen die Moorflächen von Kananohe bis in den Norden der Ortschaft Kaltenweide. Auf die besonderen Aspekte des Moores wird in dem Kapitel *Moor* näher eingegangen.

Eine tiefgreifende Landschaftsveränderung vollzog sich im Wietzetal durch die Gewinnung und die Verhüttung von *Raseneisenstein*. Nach der jahrhundertelangen Entnahme von Bäumen als Brennmaterial für die Schmelzöfen blieb eine verbuschte Heidelandschaft übrig. Ein gewisser Niederwaldbestand regenerierte sich später zögernd über längere Zeiträume hinweg. Letztlich wurde der Abbau auf fürstliche Weisung verboten, um die Reste der Waldbestände zu schützen [48].

---

48 GLieM- Tafel Nr. 97- Eisenverhüttung in der Wietzeaue

Der Raseneisensteinabbau lebte im letzten Jahrhundert noch einmal auf, als man den Abbau industrialisierte und die eigentliche Verhüttung nicht vor Ort, sondern nach Zwischentransporten in der Ilseder Hütte bei Peine vornahm.

Neben der Verhüttung diente Raseneisenstein als landschaftstypisches Baumaterial beim Häuserbau oder beim Kirchenbau. So haben wir heute noch prägende Bauwerke, an denen die Raseneisensteinbrocken sichtbar sind, wie in Langenhagen an der Elisabethkirche, an der Bissendorfer St. Michaeliskirche und der Isernhagener Marienkirche. Daneben sind sie noch in vielen Wänden von Bauernhäusern und Scheunen zu finden.

Der Turmschaft der Elisabethkirche ist mit Raseneisensteinfindlingen aufgemauert [49] *Foto: Joachim Vogler*

Der Schutz des Waldes, wie er im Zusammenhang mit dem Raseneisensteinabbau ausgesprochen wurde, war sicher nicht vom Gedanken des Naturschutzes oder aus klimatischen Gründen geprägt, wie es der heutigen Sichtweise entspricht. Es gab einen anderen wichtigen Grund. Wälder in damaliger Zeit in unserem Raum waren häufig Buchen- und Eichenwälder. Bäume, wie Eichen und Buchen, waren als sogenannte Fruchtbäume eine wichtige Nahrungsquelle für das Vieh. Das wurde in der Herbstzeit in die Wälder getrieben und fraß Bucheckern und Eicheln. Diese Bäume standen unter besonderem Schutz. Einen Baum zu fällen oder ihn zu beschädigen, wurde mit hohen Strafen geahndet.

Das Hölting- und Gerichtsprotokoll einer Versammlung zu Engelbostel im Jahre 1523 gibt Zeugnis der möglichen Strafe: [50]

---

49 GLieM- Tafel Nr. 43- Turm der Elisabethkirche
50 Stadtarchiv Langenhagen, Signatur: ALH-Altes Langenhagen/ 2.3- Gerichtswesen

... is weitter gefraget, wer einen fruchtbahren bom umbhawet, odder steuffeldt, watt sein bröke darumb sey iß erfunden, datt stehet in derr Hern gnade,

ls forder gefraget, wer einen Eicken bom odder einen anderen fruchtbaren baum scheldt odder versöret watt sein brock sey daroff iß erfunden, demselben Tetter scholle man seinen buck beim Navell upschnieden, und seine Darme, unde Ingeweide umb den Baum winden.

.. es wurde weiter gefragt, was die Strafe sei, für jemand, der einen fruchttragenden Baum umhaut oder kappt. Deshalb wurde befunden, das stehe im Belieben der Herrschaft.

Weiterhin wurde gefragt, was die Strafe für jemand sei, der eine Eiche oder einen anderen fruchttragenden Baum schält oder verwundet. Dazu wurde befunden, dass man demselben Täter den Bauch beim Nabel aufschneiden und seinen Darm und Eingeweide um den Baum winden solle ...

Das Strafmaß: Höllenqualen und Tod! - Die drastischere Ausprägung einer Baumschutzsatzung in vormaliger Zeit!

Über Jahrhunderte veränderte sich unser Landschaftsbild kaum. Es herrschte bäuerliches Leben und Treiben. Gehandelt wurde unter den Bauern selbst, meistens mit Vieh. Überschüsse, so denn welche bei dem kargen Boden vorhanden waren, wurden nach Hannover auf den Markt gebracht. Torf aus den nachbarschaftlichen Mooren wurde selbst als Brennmaterial genutzt oder ebenfalls in Hannover verkauft.

Der sandige Boden, eigentlich schon Heidesand, deckelte die Erträge. Waren Herbst und Frühjahr feucht, floss das Wasser nur schwer ab, denn unter dem Sandboden lag in 30 bis 50 cm Tiefe eine fast durchgehend undurchlässige Schicht, Lehm, Ton und *Ortsteinschicht*. Wege waren schwer passierbar, denn überall gab es sogenannte Riehen oder Rieden, deren Bezeichnung schon auf feuchtes Gelände hinweist. Heute erinnern uns an diese ehemals feuchten Areale noch die Namen *Klusriede, Osterriede oder Desbrocksriede*. Man versuchte sich mit Abzugsgräben zu behelfen, die aber nur dann ihre Wirkung zeigten, wenn nicht das gesamte Terrain überschwemmt und eine ausreichende Vorflut in Bächen und Flüssen vorhanden war. Amtsschreiber Wynecken beschreibt um 1750 diese Situation, die die Landwirtschaft in unserem Raum erschwerte und nur geringe Erträge ermöglichte. Ein Grund, warum Langenhagener Bauern sich weitere wirtschaftliche Standbeine suchten, wie den Hopfenanbau und vor allem die Pferdezucht und den Pferdehandel.

Steigende Einwohnerzahlen beeinflussen die Landschaft

Das Untertanenverzeichnis von 1594 weist für die Orte des heutigen Langenhagen insgesamt 191 Feuerstellen aus. Konkrete Einwohnerzahlen gibt es nicht, denn es werden nur die Hofstellenbesitzer genannt. Aus Erfahrungen zählt man pro Feuerstelle sieben Personen, sodass man zu der Zeit von ca. 1.330 Einwohnern ausgehen kann.

Ca. 200 Jahre später sind in der Kurhannoverschen Landesaufnahme von 1781 insgesamt 261 Feuerstellen verzeichnet, das entspricht einem Anstieg auf 1.800 Einwohner. Bereits 1821 hatte sich die Einwohnerzahl Langenhagens, einschließlich der heutigen Ortschaften, dann auf 2.380 erhöht.

Mit der Zunahme der Einwohnerzahl veränderte sich auch das Landschaftsbild. Es waren mehr Menschen zu ernähren. Freie Flächen wurden abgeteilt. Darauf siedelten *Anbauer, Abbauer, Köthner* und Hand-werker. Vormaliges Grün- oder Brachland wurde umgebrochen und in Ackerflächen umgewandelt. Ehemals feuchte Areale wurden mit Drainagen entwässert und dienten nun als zusätzliche Anbauflächen.

So entstanden ausgeräumte Landschaftsteile mit monotonen Flächen, gekennzeichnet von der jeweiligen Fruchtfolge. Selbst Hecken als Windschutz, wie sie im Norden landschaftsprägend als sogenannte Knicks vorhanden sind, verschwanden bei uns. Vielleicht gibt es für sie eine Renaissance, wenn die Auswirkungen der Klimaveränderung wieder mehr Stürme über das Land fegen lassen.

Die Bothfelder Straße in Höhe des alten Ortseingangs von Osten hergesehen. Nördlich und südlich der Landesstraße intensiv genutzte Ackerflächen

Ein Beispiel der ausgeräumten Landschaft, geprägt von Ackerflächen, zeigt der Bereich beiderseits der Bothfelder Straße. Noch bis zum Ende der sechziger Jahre sorgten allein die Alleebäume der Landstraße für eine gewisse Auflockerung.

Die Gemeinde entwickelt ein Planungskonzept für eine geordnete Siedlungsentwicklung

Mit der Ansiedlung erster Gewerbebetriebe, dem Eisenbahnanschluss und der Ansiedlung weiterer Betriebe, denen es in Hannover zu eng wurde, stiegen die Einwohnerzahlen weiter. Eine Verdichtung entlang der Walsroder Straße war ausgeschlossen. Langenhagen musste sich von seinem Straßendorfcharakter lösen und Wohnquartiere in der Tiefe entwickeln. Damit das nicht ungeordnet vonstattenging, beschloss der Gemeinderat 1899, einen *Fluchtlinienplan* in Auftrag zu geben, der Erweiterungen ermöglichte und Flächen für Wohnungsbau, Gewerbe, Industrie und Erholung sinnvoll zuordnete, vor allem deshalb, um Wohnen und Arbeiten räumlich zu trennen, um schädliche Auswirkungen der Industrie auf die Wohnquartiere zu minimieren oder ganz zu verhindern.

Diese Planungsvorgaben, die dann in den folgenden Jahrzehnten immer wieder an geänderte Entwicklungen angepasst wurden, galten allerdings nur für das „alte" Langenhagen. Bis zum Zusammenschluss 1938 der Gemeinden Brink und Langenforth und dann von Brink mit Langenhagen, plante jede Gemeinde für sich; bei ihnen lag die Planungshoheit. Für das gesamte Stadtgebiet galten diese Voraussetzungen einer gemeinschaftlichen Planung erst ab 1974, als Langenhagen mit den nördlichen und westlichen Gemeinden vereint wurde.

Zwischen den Gemeinden Langenhagen und Langenforth entstand die „Grüne Lunge" Langenhagens

Ab 1861 entwickelte sich aus den Flächen des ehemaligen Amtshofs Langenhagen durch Zukauf weiterer Ländereien eine zusammenhängende Gesamtfläche von ca. 350 *Morgen*. Das war die Basis für die Entwicklung der Heil- und Pflegeanstalt, in der intensiv Landwirtschaft, Viehzucht und Gartenbau betrieben wurde. Auf diese Weise konnten arbeitsfähige Patienten sinnvoll beschäftigt und ausgebildet werden. [51]

Schnell, mit Zunahme der Patientenzahl, musste auch baulich mehr Platz geschaffen werden. Als in den neunziger Jahren des vorletzten Jahrhunderts

---

51 GLieM- Tafel Nr. 14- Heil- und Pflegeanstalt

die Anstalt in die Trägerschaft der Provinz Hannover überging, wurde die Erweiterung der Heil- und Pflegeanstalt planmäßig in Angriff genommen.

Hierzu wurde ein Ausbauplan erstellt, nach dem Gebäude und gärtnerische Außenanlagen eine gewisse Symbiose eingehen sollten. Die Patientenhäuser, nach modernsten therapeutischen Grundsätzen geplant und errichtet, wurden in einen parkähnlichen Garten hineingestellt. Die Parkanlagen wurden nach den zu der Zeit typischen Grundsätzen der ehemals Lenné-Meyerschen-Schule der Gartenarchitektur geplant. Die Ausführung erfolgte unter der Leitung der Bauverwaltung des Provinzial Landesdirektoriums.

Im Jahr 1909 waren sogar ein eigener Friedhof und eine Friedhofskapelle in Betrieb genommen worden.[52] Um 1920 hatte die Heil- und Pflegeanstalt ca. 1.000 Patienten. Werkstätten, eine eigene Strom- und Wasserversorgung, Häuser für Bedienstete kamen hinzu. Das gesamte Gelände war quasi ein eigenständiges Dorf zwischen den Dörfern Langenhagen und Langenforth, eine Enklave der Provinz Hannover.

Hier hatten die Gemeindevorsteher der eben genannten Gemeinden kein Mitspracherecht. Dadurch wurde auch deren Begehrlichkeit nach baulichen Entwicklungen in diesem Bereich ein Riegel vorgeschoben. Diese Situation blieb auch bestehen, als die Stadt Hannover das gesamte Gelände 1938 übernahm.

Der Bereich der Heil- und Pflegeanstalt erhielt, wie das gesamte Gemeindegebiet, zahlreiche Bombentreffer. Bauliche Veränderungen, bis auf geringe Reparaturen beschädigter Gebäude, fanden im II. Weltkrieg nicht mehr statt. Vieles wurde notdürftig ausgebessert, um den Anstaltsbetrieb weiterzuführen.

Für das Grün der Parkanlagen war dies eine Phase ohne massive Eingriffe. Der alte Baumbestand, Hecken und Büsche, Grünflächen und die Teiche, die beim Aushub für die Rieselfelder entstanden waren, fielen in einen Dornröschenschlaf. Für Außenstehende, die keine Angehörigen in der Anstalt besuchten, war das komplette Areal ohnehin unzugänglich. Für sie war der insgesamt eingezäunte Bereich tabu.

Schade, dass sich die Langenhagener Bevölkerung hier nicht schon früher erholen konnte, aber dafür war die Zeit noch nicht reif. Damals wusste noch niemand, dass sich hieraus einmal die Keimzelle des Langenhagener Stadtparks entwickeln würde.

---

52 GLieM- Tafel 114- Friedhof der Heil- und Pflegeanstalt

Herbststimmung in der westlichen Niederrader Allee; die heutige südliche Begrenzung des Eichenparks
Foto: Joachim Vogler

Der Wunsch nach einem Leben in der Natur und Stille fernab vom Großstadtgetriebe

Bessergestellte Herrschaften oder Menschen, die es sich leisten konnten, lebten immer schon im Grünen, in der Natur mit frischer Luft. Denken wir an adelige Gutsbesitzer, oder an Alfred Krupp, der sich oberhalb der Ruhr auf dem Hügel seine Villa errichten ließ. Fernab von den Schloten seiner Fabriken, die in Essen bis in die Stadtmitte reichten. Da schien der „Wurstbaron" Fritz Ahrberg aus Linden aus anderem Holz geschnitzt zu sein. Er baute sich sein herrschaftliches Haus direkt neben seiner Fabrik am heutigen Deisterplatz. Von hier aus konnte er wenigstens noch einen Zipfel des Grüns aus dem *Von Altenschen Garten* erblicken.

Auch wer einige Gehaltsklassen niedriger angesiedelt war, Militärs, Anwälte, das gehobene Bürgertum, strebte aufs Land und sei es nur fürs Wochenende, einen Kurzurlaub oder für einen Jagdausflug. Als Domizile entstanden prächtige Häuser und herrschaftliche Villen.

Das war gar nicht weit außerhalb der Städte. Auch ruhige Stadtquartiere eigneten sich ebenso für einen Standort wie die der Stadt nächstliegenden Dörfer. Um das Haus herum gestaltete man Parkanlagen auf großen Grundstücken. Auch in Langenhagen gibt es noch neben vielen bereits im Krieg zerstörten Villen markante Beispiele dieser Architektur.

Die Häuser entstanden um die Jahrhundertwende, teilweise mit verspielten historistischen Stilelementen, teilweise im Landhausstil. Große Fenster ermöglichten den Blick in die „Natur", meistens in Gartenanlagen nach englischem Muster angelegt. Wiesenflächen wurden eingerahmt mit teilweise exotischen Bäumen. Baumsolitäre inmitten des Grüns. Die Innenausstattung der Häuser nahm ebenfalls Details aus der Natur auf.

Ein sehr schönes Beispiel hierfür ist noch in der Villa Gail-Hübener-Link in Krähenwinkel zu bestaunen. Den inneren Eingangsbereich zieren Kacheln mit Kastanienblättern und Kastanien. Der teilweise inzwischen über einhundert Jahre alte Baumbestand in den großen Gärten trägt zu einem angenehmen Stadtklima bei.

Die Villa Gail-Hübener-Link am Hainhäuser Weg in Krähenwinkel [53]

---

53 GLieM- Tafel Nr. 33 Villa Gail-Hübener-Link- Leben im Grünen

In den dreißiger Jahren erreicht die Gartenstadtidee Langenhagen

Wie konnte man die Lebensverhältnisse der Industriearbeiter, die nicht privilegiert waren, nachhaltig verbessern? Ihr bisheriges Leben dicht bei ihren Fabriken, neben den Fabrikschloten, deren Emissionen die Lungen schädigten, Wohnen in feuchten Räumen mit schlechten hygienischen Verhältnissen, machte dauerhaft krank.

Diese Lebensumstände wollte der gebürtige Londoner Architekt Ebenezer Howard, der aus eigener Wahrnehmung das Leben in den Londoner Slums der Fabrikarbeiter nur allzu gut kannte, verbessern.

Im Buch „Tomorrow- A Peaceful Path to Real Reform", mit dem geänderten Titel bei der zweiten Auflage in „Garden- Cities of Tomorrow", entwickelte Howard 1898 den Gartenstadtgedanken: Stadtkerne mit zentralen Plätzen und öffentlichen Einrichtungen, in größerem Abstand Wohnbezirke mit Kindergärten, Schulen, Kirchen und Spielplätzen. Entfernter, außerhalb der Wohnbereiche sollten Gewerbeflächen und industrielle Arbeitsplätze angesiedelt werden. Weiträumige Grünzonen schirmten die einzelnen Nutzungen voneinander ab. Das war Howards Idee für zukünftige Stadtplanungen. Er beließ es aber nicht bei der Zuordnung der Flächen nach dem Nutzungscharakter, sondern entwickelte zugleich Vorschläge zur Bodenfrage, die genossenschaftlich sozial geregelt werden sollte.

Die ursprünglichen Planungsideen des Langenhagener *Fluchtlinienplans* kamen über die Jahrzehnte nur zögerlich voran und durch die Kriegsvorbereitungen für den II. Weltkrieg fast zum Erliegen. Durch den Zuzug von auswärtigen Arbeitskräften, die in den Industriebetrieben überwiegend an militärischen Ausrüstungen arbeiteten, entstand ein enormer Siedlungsdruck. Wohnquartiere wurden förmlich aus dem Boden gestampft, vordringlich in Wiesenau, der Gutenbergstraße und am Pferdemarkt. Im Gehäge wurden als sogenannte Focke-Wulf-Siedlung Wohnhäuser in zweigeschossiger Bauweise errichtet. Längeren Planungsvorlauf gab es nicht. Die Einwohnerzahl Langenhagens, hier sind die heutigen Ortsteile mit eingeschlossen, stieg von 1933 mit 9.420 Einwohnern auf 16.783 Einwohner bei Kriegsbeginn 1939.

Eine koordinierte Siedlungsentwicklung, bei der mit dem Einwohnerzuwachs neben Wohnungen auch Sportstätten, Freizeiteinrichtungen, Schulen und Kindergärten und öffentliches Grün nach einem einheitlichen Planungskonzept realisiert wurden, hatte zur der Zeit keine Priorität. Und doch machte sich Langenhagens Bürgermeister Ebeling mitten im Krieg Gedanken darüber, wie sich seine Gemeinde „nach dem siegreichen Ende des Krieges" entwickeln sollte. Diese Zukunft stellte sich Ebeling als „Gartenstadt" vor. In Erwartung, dass sich Deutschland in Richtung Osten weiter ausdehnt und dort Platz für Deutsche aus dem Reich entstehen sollte, schrieb er in einem Artikel im „Heimatgruß", dem Kontaktblatt der Kirchengemeinde zu den Frontsoldaten:

„... wir werden in Zukunft nicht mehr so stark mit dem Land geizen brauchen, wie wir es bis zu diesem Kriege leider mussten. Das heißt für uns, daß wir in Zukunft zu jeder Wohnung eine Landzulage geben können, so daß der Charakter der Gemeinde als Gartenstadt immer mehr ausgeprägt wird."

Weiter führte Ebeling aus:

„Mit der Planung der Gartenstadt wird Professor Dr. Hans Spiegel beauftragt, der Leiter des Hauptreferats für Gebäudeplanung beim Reichskommissar für den sozialen Wohnungsbau Dr. Ley. Erste Besprechungen mit Professor Spiegel haben das Ergebnis gebracht, dass alles darangesetzt wird, um den Charakter der Gemeinde als Gartenstadt zu wahren." [54]

Als Vorleistung beauftragte der Langenhagener Verwaltungschef den hannoverschen Architekten Georg Wimmelmann ein landschaftstypisches Hausmodell zu entwerfen, das Familien genug Raum bot und eine entsprechend große Grundstücksfläche umfasste, die der Selbstversorgung der Besitzer dienen sollte. Neben dem Wohnhaus waren Nebengebäude vorgesehen, die Viehhaltung ermöglichten.

Planungsvorschlag des hannoverschen Architekten Georg Wimmelmann für ein landschaftstypisches Wohnhaus

Auf der Grundlage der Entwürfe von Wimmelmann entstanden noch in den Kriegsjahren 1940/ 1941 die ersten bebauten Straßenzüge „Tulpenstraße", „An der Weide" und „In der Drift", heutige „Papenriede" in Brink. Diese Häuser sind weitestgehend erhalten geblieben, wenn sie auch inzwischen ihr

---

54 GLieM-Tafel Nr. 96- Ideen zu einer Gartenstadt

Erscheinungsbild durch An- und Ausbauten gegenüber den Anfängen mehr oder weniger verändert haben.

Mit dem Ende des Krieges ruhte der Gartenstadtgedanke. Die Menschen hatten nach dem Zusammenbruch andere Sorgen. Mit dem Wiederaufbau, der teilweise zunächst recht unkoordiniert verlief, lebte diese Idee in Langenhagen erneut auf, wenn auch in abgewandelter, modernisierter und den gesellschaftlichen Erfordernissen angepasster Form.

Neue Siedlungen entstanden und Grün allerorten

Als eine der ersten Aufbaumaßnahmen entstand in Langenhagen die Volksparksiedlung, hier siedelten Menschen auf eigener *Scholle*. Mit überwiegender Eigenleistung, gefördert mit staatlichen Zuschüssen, entstand an der heutigen Niedersachsenstraße und der Manrade diese Siedlung. Aber auch an anderen Stellen im heutigen Stadtgebiet war der Aufbauwille sichtbar.

Aus der ehemaligen, vollkommen zerbombten Focke-Wulf-Siedlung im Gehäge, entstand für Angehörige der Firma Schott auf alten Grundmauern die Schott-Siedlung.[55] Es entwickelte sich die Silberseesiedlung, wo sich überwiegend Flüchtlinge niederließen.[56] Für Kriegsblinde und ihre Familien wurden am Ithweg und in den Kolkwiesen Häuser gebaut, als Arbeitsstätte kam eine Blindenweberei hinzu.[57] Am Hilsweg entstanden Häuser für Kriegsbeschädigte.[58]

Auch in den Ortschaften wuchs, vor allem durch den Zuzug von Flüchtlingen, ein Wohnquartier nach dem anderen empor. Siedlung Twenge[59] in Kaltenweide, in Godshorn der Bereich Am Moore, in Engelbostel die Bebauung zwischen dem Stadtweg und der Schulstraße.

In Langenforth entwickelte sich im Bereich der Hindenburgstraße bis an den Rand der Bothfelder Straße ein ganz neuer Stadtteil, das „Hindenburgviertel". Von diesem Aufbauwillen ließe sich noch Vieles nachzeichnen. [60]

Wenn auch zunächst der Baustellencharakter überwog und Begrünungen und Baumanpflanzungen nicht unbedingt zu den ersten Aktivitäten zählten, wurde es nach und nach immer grüner. Es gab große Quartiere, auf denen vorher kein Baum stand, weil die landwirtschaftliche Nutzung Priorität besaß. Mit den Jahren wurden nach der Bebauung und Gartengestaltung ganze Bereiche von dicht an dicht stehenden Baumkronen überwölbt; ein grünes Blätterdach

---

55 GLieM- Tafel Nr. 38 Schott-Siedlung
56 GLieM- Tafel Nr. 25 Silberseesiedlung
57 GLieM- Tafel Nr. 69 Siedlung und Weberei kriegsblinder Weber
58 GLieM- Tafel Nr. 74 Kriegs- und Zivilbeschädigtensiedlung
59 GLieM-Tafel Nr. 100 Siedlung Twenge
60 GLieM- Tafel Nr. 93 Siedlungsentwicklung Langenforth

entwickelte sich. Die beiden folgenden Bilder sollen einen Vergleich zu einer Situation vor und nach der Bebauung herstellen.

Zunächst die ausgeräumte Landschaft mit rein landwirtschaftlicher Nutzung. Das einzige Grün, eine mitten im Kornfeld stehende Eiche.

Wogende Kornfelder nördlich der Straße Deisterweg, früher Heuwiesen, 1952; Aufnahme Vogler

Der Kreis kennzeichnet den Standort der Eiche aus dem vorhergehenden Bild; die Eiche steht noch heute im hinteren Teil des Hausgartens Havelweg Nr. 25

Der Vergleich zum vorherigen Bild macht deutlich: dort, wo es vorher nur Ackerflächen gab, ohne eine sonstige markante Vegetation, stehen nun in allen Hausgärten wie auch straßenbegleitend Bäume.

Die fünfziger und sechziger Jahre waren gekennzeichnet von einer massiven Aufbauphase. Langenhagen, inzwischen „Stadt". musste erkennen, dass Planungsansätze für eine städtebauliche Entwicklung nördlich der Elisabethkirche an den Lärmemissionen des Flughafens scheitern würden. Die Aufsichtsbehörde, die Bezirksregierung, schlug der Stadt vor, ihr neues Stadtzentrum südlich des Geländes der Heil- und Pflegeanstalt zu entwickeln.

Wo bieten sich Erholungsareale für die gewachsene Zahl der Einwohner?

Zu einem sehr beliebten Ausflugs- und Erholungsort entwickelte sich der Silbersee. Die im II. Weltkrieg in Betrieb genommene Badeanstalt hinter der heutigen Paracelsus-Klinik, seit Jahren vernachlässigt, verlor ihren Reiz. Die Badegäste bevorzugten das Silberseegelände, das die Stadt in den sechziger Jahren zu einem Freizeitgelände entwickelte. Vorhandener Baumbestand, der durch vielfache Anpflanzungen verdichtet wurde, sorgte im Sommer für Schatten - ein außerordentlich gut besuchter Freizeitbereich bis heute. Wollen Sie mehr über den Silbersee und das Freizeitgelände erfahren, schauen Sie sich die Kapitel über *Parks oder Gewässer* an. [61]

Als wesentlich stadtnähere Fläche für Erholungssuchende bot sich das Gelände der Heil- und Pflegeanstalt an. Alter Baumbestand, Alleen, freies Wiesengelände wechseln sich dort ab und gehen in einen Stadtwald über. Dieses Areal, im Besitz der Stadt Hannover, war eingezäunt und für Langenhagener unzugänglich. [62]

Eine Alternative bot sich unmittelbar nördlich des Anstaltsgeländes an, die sogenannten „Heestern". Hier begann die Stadt Langenhagen, Ansätze für einen Stadtpark zu entwickeln. Es wurden zunächst Grundflächen der evangelischen Kirchengemeinde und noch bestehender landwirtschaftlicher Betriebe angekauft. Es entstand ein Wegenetz, Hecken und Bäume wurden gepflanzt. Wiesenflächen luden zum Ballspielen ein oder dienten als Liegewiese. In späteren Jahren kam ein Spielplatz hinzu, Übungsgeräte animierten zur Körperertüchtigung. Durch seine Ost- Westausrichtung diente diese unbebaute Schneise zum Luftaustausch und brachte im Sommer Kühle in die angrenzenden bebauten Quartiere.

Zu den Grünflächen der ehemaligen Heil- und Pflegeanstalt erfahren Sie interessante Details im Kapitel über die „Parks in Langenhagen".

---

61 GLieM- Tafel Nr. 50 Badeanstalt
62 GLieM- Tafel Nr. 91 Historischer Eichenpark

Nach dem ersten Schritt folgte der zweite

Im Zusammenhang mit dem Bau der Pferderennbahn und der Absicht Langenhagens, nun endlich ein Stadtzentrum zu entwickeln, kam mit der Stadt Hannover ein weitflächiger Geländetausch in Gang.

Dieses neue Stadtzentrum sollte allen zentralen Anforderungen genügen. Angesiedelt werden sollten Schulen, ein Feuerwehrgerätehaus, ein Rathaus, zudem eine Post, Einkaufsmöglichkeiten und neue Wohnungen. Außerdem wurden von der Stadt Langenhagen von Hannover zusätzliche Flächen erworben, die öffentlich zugänglich gemacht werden sollten. Zu diesen Flächen gehörten unter anderem wesentliche Areale der Heil- und Pflegeanstalt, zunächst einmal die östlich der Bebauung der Anstalt liegenden Flächen, die beiden Teiche, die aus dem Aushub für die *Rieselfelder* entstanden waren und die *Rieselfelder* selbst, die bis zur Theodor-Heuss-Straße reichen.

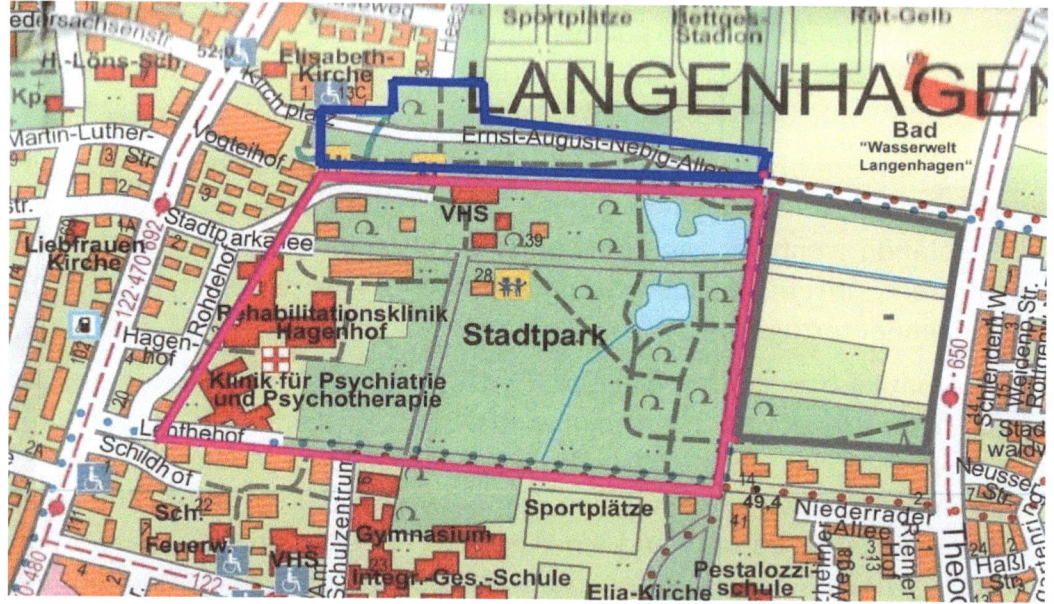

Die Flächen des heutigen Stadtparks: die nördlich gelegenen Heestern, der südlich angrenzende Eichenpark und östlich die Rieselfelder

Der große Vorteil für die Einwohner war, dass die ehemaligen Umfriedungen des Geländes beseitigt wurden und der Park, später als „Eichenpark" bezeichnet, damit für die Öffentlichkeit zugänglich wurde. Unabhängig von der belebten Walsroder Straße konnte man nun parallel von Norden nach Süden das Anstaltsgelände durchqueren und auf dem von Westen nach Osten ausgerichteten Hauptweg, der heutigen Stadtparkallee, das Areal erkunden und sich entspannen.

Dieses war umso bedeutender, weil die Walsroder Straße durch viele Veränderungen, wie der Verbreiterung und durch die entstandenen

Neubauten, ihren ursprünglichen Alleecharakter verloren hatte und als grünes Band ausfiel.

Nach und nach wurden weitere Bereiche der Anstalt für die Öffentlichkeit zugänglich gemacht und von den Benutzern gerne angenommen.

Zur weiteren Revitalisierung des Parkgeländes wurde ein Parkbeirat gegründet, der unter dem Vorsitz des hannoverschen Gartenamtsleiters Professor Klaffke Vorschläge für mittelfristige Gestaltungsmaßnahmen erarbeitete. Hierzu gehörte auch die Wiederherstellung des ehemals angelegten Wegenetzes, das wegen massiver Kriegszerstörungen und danach erfolgter Veränderungen wieder in seinen Ursprungszustand annähernd zurückversetzt werden sollte.

Die inzwischen gegründete *Naturkundliche Vereinigung Langenhagen*,[63] die im Wasserturm ihr Domizil hat, wacht darüber, dass die Artenvielfalt von Flora und Fauna erhalten bleibt. Vor allem auch deshalb, weil sich in dem ursprünglich nur wenig frequentierten Gelände geschützte Tierarten und Pflanzen ansiedelten oder entwickelten. Ein besonderes Augenmerk haben die vielen unterschiedlichen Baumarten im Park verdient. Vom japanischen Kuchenbaum, der farnblättrigen Rotbuche, der Krim-Linde und der kaukasischen Flügelnuss bis zur virginischen Zaubernuss und vielen anderen ausländischen Baumarten, haben die Gestalter des Anstaltsparks schon bei der Erstbepflanzung in eine schöpferische Schatzkiste gegriffen.

Inzwischen werden die *Rieselfelder*, deren Bestand nach heftigen kontroversen Diskussionen und Entscheidungen gesichert zu sein scheint, schrittweise in ein Grün- und Freizeitgelände umgestaltet.

Die Stadt plante eine Bewerbung für die Landesgartenschau 2012

Unter dem Motto „Aufbruch ins Grüne" wollte sich die Stadt Langenhagen um die Landesgartenschau 2012 bewerben. Einerseits erhoffte sich die Stadt einen größeren Bekanntheitsgrad in Niedersachsen, andererseits wollte man mit einem Konzept „Aufbruch ins Grüne" vorhandene Grünflächen weiter entwickeln und ergänzend Bleibendes schaffen und so den Erholungswert für die Bürger steigern.

---

63 GLieM-Tafel Nr. 119 Der Wasserturm – Ein Zentrum für den Naturschutz

Nach ersten Kostenermittlungen wurden für die Realisierung 8,78 Mio. € Investitionskosten geschätzt, darin waren ca. 600.000 € für das sogenannte *„Wietzeband"* veranschlagt. Für den Betrieb während der Veranstaltung und deren Durchführung waren weitere 7,75 Mio. € kalkuliert. Davon wollte die Stadt 1,5 Mio. € zuschießen, 6,25 Mio. € erwartete man als Einnahmen über Sponsoring, Eintrittspreise und sonstige Verkaufserlöse.

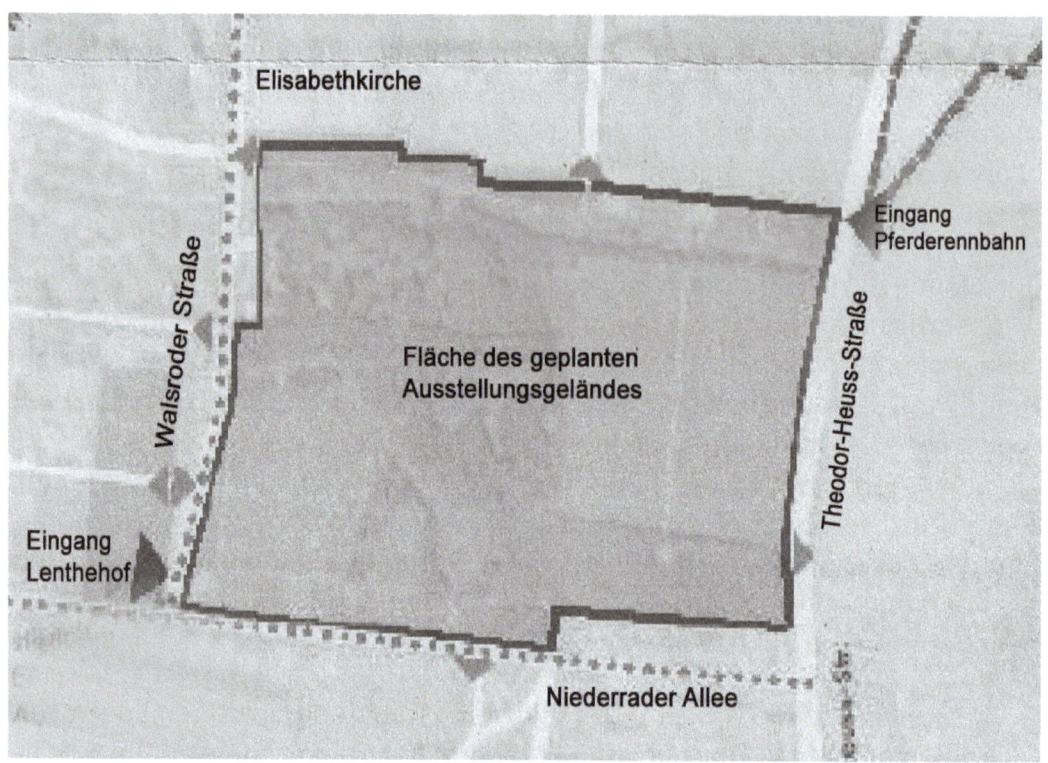

Die Fläche des Ausstellungsgeländes im Kernbereich:
die Heestern, der Eichenpark und die Rieselfelder.

Vielleicht waren es gar nicht einmal die kalkulierten Investitionen, die vordergründig in der weiteren Behandlung zu strittigen Auseinandersetzungen führten. Viele Bürger befürchteten, dass man sie ausschloss, denn der im Bild gekennzeichnete Kernbereich der Gartenschau hätte eingezäunt werden müssen.

Gerade erst hatte man den Eichenpark für sich gewonnen, alle Zäune waren beseitigt worden, man konnte das Gelände kreuz und quer durchstreifen. Nun sollten wieder Zäune errichtet werden und ein Zutritt nur gegen Eintritt möglich sein. Die Naturkundliche Vereinigung Langenhagen befürchtete eine nicht zu vertretende Störung von Tieren und Pflanzen. Es bildete sich eine Initiative „Rettet den Eichenpark". So ging ein Riss durch die Bürgerschaft. Befürworter hoben immer wieder hervor, dass hier ein enormes Entwicklungspotential läge, das, wenn es einmal umgesetzt würde, wesentliche Chancen für die Stadt und ihre Bürger bieten könnte.

Um die Angelegenheit einigermaßen zu befrieden, wurde eine Bürgerbefragung beschlossen und im Mai 2008 durchgeführt. Innerhalb von vier Wochen, vom 1. bis zum 28. Mai, konnte per Brief abgestimmt werden. Im Ergebnis sprachen sich 71 % für ein „Nein" aus, 29 % stimmten mit „Ja". Damit hatte man sich mit eindeutiger Mehrheit gegen die Durchführung einer Landesgartenschau ausgesprochen. Mehrere Bürger notierten damals auf ihrem Wahlzettel neben ihrem Votum: *„Wir wollen lieber ein neues Bad"*. Dieses war den Menschen nach Abbruch des Hallenbades in der Stadtmitte zwar versprochen, aber bisher nicht umgesetzt worden. Mit dem Ergebnis der Abstimmung stellte die Stadt sämtliche Aktivitäten für eine Bewerbung um die Landesgartenschau ein.

Weitere Stadtentwicklung plus „Grün"

Anfang der neunziger Jahre wurden Flächen gesucht, um eine weitere Siedlungsmöglichkeit zu eröffnen. Man entschied sich für die Entwicklung der Flächen nord-östlich von Kaltenweide, dem sogenannten „Weiherfeld". Es ging hier von Anfang an nicht um die Schaffung eines neuen Stadtteils, sondern um die Erweiterung des alten Ortskerns von Kaltenweide.

Das Planungskonzept für das Weiherfeld mit den auffälligen grünen Zwischenräumen zwischen den einzelnen Wohnquartieren

Bei der Gestaltung der öffentlichen Räume, Straßenanlagen, Seitenräume und Grünanlagen, beschritten die Planer neue Wege. Regenwasser sollte in den Seitenräumen in Mulden und Rinnen versickern. Von Anfang an war bestechend, dass Wohnquartiere durch sogenannte „grüne Finger", die aus Wiesen- und Gehölzflächen bestehen, gegliedert werden sollten.

Inzwischen ist nach mehreren Jahren die Bebauung weitgehend abgeschlossen. Die Bäume auf den ehemals genutzten Ackerflächen haben eine stattliche Höhe erreicht. Durch eine S-Bahnanbindung im Zentrum des Wohngebiets und Möglichkeiten der Versorgung für den täglichen Bedarf ist ein beliebtes Wohnquartier entstanden.

Inzwischen sind auch die planrechtlich vorgesehenen Ausgleichsmaßnahmen realisiert. Zwischen der Straße *Ortleut*, die das Wohngebiet nach Norden begrenzt, und der Autobahn A 352 entstand auf 135.000 m² ein Wiesengelände mit Blühpflanzen und Flachwasserstellen für Vögel und Amphibien. Den nördlichen Abschluss bildet der Aussichtsbereich „Scherenhorster Berg".

Grüne Bereiche überall

Bisher wurden beispielhaft Ansätze und Projekte beschrieben, die Stadt grüner zu gestalten und damit für die Einwohner einen besonderen Aufenthaltswert zu schaffen. Nicht nur in der Kernstadt, in der sich seit Ende der sechziger Jahre vieles in Richtung Grün verändert hat, auch in den Ortschaften ist zusätzliches Grün entstanden.

Wir denken hierbei an die Baumpflanzaktion auf der Kohlwiese in Godshorn, südlich der Straße „Am Moore", oder an den neu entstandenen „Wiesenpark" in Schulenburg. Mitten im neu entwickelten Wohngebiet „Dorfstraße" ist ein Wiesengelände mit Hecken und Büschen entstanden, das zu Spaziergängen anregt. Für Kinder mit Turngeräten ausgestattete Aufenthaltsbereiche laden zu Bewegung und Spielen ein. Durch diese Flächen werden nachbarschaftliche Wohnbereiche auf Abstand gehalten und bieten Aussichten auf das grüne Umfeld.

Wenn man bereits vor Jahren angelegte Parkbereiche besucht, ist man erstaunt, wie sich die ehemals tristen Brachflächen in grüne Oasen verwandelt haben. Ein schönes Beispiel ist hierfür der *Brinker Park*. Einförmiges Wiesen- und Weideland der Brinker Landwirte wurde in ein Parkgelände verwandelt, auf dem in der Eingangszone zum „Fuhrenkamp" Kinderspielbereiche, Treffpunkte für die Nachbarschaft und Gelegenheiten zum Wasserplanschen vorhanden sind. In der weiteren Parktiefe befindet sich ein Teich, der gleichzeitig als Regenwasserrückhaltebecken dient. Die bei der Anpflanzung verhältnismäßig kleinen Bäume haben sich teilweise zu dominanten Solitären entwickelt. Da mitten durch das Parkgelände die Trogstrecke der B 522 verläuft, dient der Park gleichzeitig als Abschirmung der angrenzenden Wohnquartiere gegen den Verkehrslärm.

... und noch weitere Beiträge zum Stadtgrün

Bisher überhaupt noch nicht angesprochen wurden in diesem Bericht die Kleingärten. Diese Art der „eigenen *Scholle*", die in erster Linie den Nutzern zur Selbstversorgung dient, hat darüber hinaus einen besonderen Erholungswert. Neben der körperlichen Arbeit und dem Lohn des möglichst üppigen Ertrages, ergeben sich viele nachbarschaftliche Kontakte und Austausche, nicht nur in gärtnerischen Belangen. Mit Geschichten über das gesellige Leben der Kleingärtner könnte man zahlreiche Bände füllen.

In Bezug auf das Stadtklima erfüllen diese Freiflächen einen nicht zu unterschätzenden Beitrag. In der Regel, wenn überhaupt, nur niedrig bebaut, bieten sie Zonen des regen Luftaustauschs und tragen so besonders im Hochsommer zu mäßigeren Temperaturen in der Stadt bei.

Ein ganz anderes Thema sind die Friedhöfe in unserer Stadt. Sie dienen nicht nur als Ruhestätte der Toten, sondern gelten auch als Erholungsraum für die Lebenden. Langenhagen besitzt zusammen mit den Ortschaften insgesamt sechs Friedhöfe, zwei, beziehungsweise drei Friedhöfe allein in der Kernstadt. Warum zwei oder drei? Der unbefangene Betrachter sieht das Friedhofsgelände an Karl-Kellner-Straße und Imhoffstraße als einen Friedhof. Eigentlich sind es aber zwei, denn der Teil an der Karl- Kellner-Straße ist der Friedhof der evangelischen Elisabethkirchen-Gemeinde, der zweite Teil gehört der Stadt Langenhagen, eben der Stadtfriedhof an der Imhoffstraße.

Naturgemäß haben Friedhöfe einen besonderen Charakter. Schon allein die Ruhe auf dem Areal zeichnet sie aus. Die Pflege durch Angehörige oder beauftragte Gärtner, der Blumenschmuck oder die über Jahrzehnte entwickelte Vegetation laden zu Ruhe und Entspannung ein, für den, der gerade nicht von Trauer und Schmerz erfüllt ist.

Während viele Friedhöfe, auch in Langenhagen, sehr schematisch angelegt und aufgeteilt sind, bietet sich beim Friedhof auf der „Grenzheide" ein ganz anderes Bild. Von Anfang an überwiegt hier der Landschaftscharakter. Der Friedhof ähnelt eher einem Parkgelände mit Gräbern. Schon allein wegen der Größe des Areals muss man längere Wege zurücklegen, erfreut sich am Grün und ist von frischer Luft umgeben. Hier kann sich auch jemand aufhalten, der nicht unbedingt eine Grabstelle aufsucht und sich nur erholen und die Stille genießen möchte.

Wenn man an die vielen Beispiele denkt, die in diesem Bericht beschrieben wurden, an die Grünflächen, die Kinderspielplätze, die Parks und anderen Grünanlagen und die Freiflächen zwischen den Ortsteilen, dann kann man mit Recht behaupten: „Langenhagen ist eine Stadt im Grünen!"

Eine kleine Rückblende an den Beginn des 20. Jahrhunderts

Seit dieser Zeit hat sich Langenhagen komplett verändert. Von der bäuerlichen Gemeinschaft trat ein Wandel ein zu einem Ort mit Gewerbe und Industrie, denn dort sicherte man jetzt seine Existenz. Stetig wuchs die Einwohnerzahl. Damit nahm die Bebauung zu und die Verdichtung. Allein der Kraftfahrzeugverkehr stieg in ungeahnte Dimensionen.

Wie beschaulich ging es vor hundertzwanzig Jahren zu. Hermann Löns, der Heidedichter, kam mit dem Fahrrad aus Hannover. Er befuhr die beidseitig mit Bäumen bestandene Dorfstraße in Langenhagen und kehrte zunächst einmal bei Niederstadts im Gasthaus „St. Hubertus" ein. Nach kurzer Verschnaufpause ging es mit dem Fahrrad weiter an Feldern und Wiesen vorbei nach Evershorst in den Forst Kananohe[64] oder in das Langenhagener und Bissendorfer Moor.

Rast am Forstmeisterbrunnen in Kananohe Postkarte 1913, Slg. Jagau

Nicht nur für Löns war der Bereich zwischen Evershorst und Kananohe ein beliebtes Ausflugsziel. Mit den Gaststätten „Heideschlüssel", später „Petersburg", dem „Heideschlösschen" und dem „Forsthaus Kananohe", und danach in der „Hasenheide" nördlich von Schulenburg, boten sich viele Ziele an für einen Sonntagsausflug ins Grüne. Wer in Richtung Hainhaus wanderte, kehrte vor der heutigen Siedlung Twenge im „Kurhaus Heiderast" in Kaltenweide ein. Alles Gaststätten, die heute kaum noch jemand kennt und die heute nicht mehr existieren. Genau so wie die alten Linden, die beide Seiten der Walsroder Straße säumten. Sie sind dem wachsenden Autoverkehr gewichen. Zu den ehemaligen Ausflugszielen erfahren Sie viele weitere Details im Kapitel *Ausflugsgaststätten*.

---

64 GLieM-Tafel Nr. 117 Forstort Kananohe

*Ein beliebtes Ausflugsziel, das „Kurhaus Heiderast" in Kaltenweide
an der Chaussee nach Walsrode*

Noch ein Tipp zum Schluss:

Grüne Oasen gibt es in Langenhagen zahlreich, man muss sie nur entdecken. Über den Jahreskreis hinweg ist die Natur ständigen Veränderungen unterworfen und so verändert sich damit auch das Landschaftsbild. Während sich im Frühjahr aus zunächst schimmerndem Grün in kürzester Frist ein dichtes Blätterdach entwickelt, genießen wir im Herbst die prachtvolle Laubfärbung. Selbst im Winter, wenn die Natur ausruht, gibt es viele Details zu entdecken. So zum Beispiel die mit Raureif überzogenen Zweige, die im Sonnenlicht glitzernd funkeln. Man muss nur Augen dafür haben, um sich daran zu erfreuen.

Für Neubürger oder diejenigen, die sich für ihre Ausflüge oder Spaziergänge gerne Anregungen holen, gibt es für unser Stadtgebiet vielfältiges Informationsmaterial.

Der Arbeitskreis „Grünes Langenhagen" hat unter der Leitung von Dr. Heinz Jansen (†) eine Vielzahl von Informationsmaterial vorbereitet, das neben bloßer Beschreibung auch zu Spaziergängen einlädt. Wichtige Details, die man sonst leicht übersieht, werden hervorgehoben und erläutert.

Wussten Sie, dass Bäume ein Gesicht haben? Wenn Sie genau hinschauen, können Sie in Verwachsungen der Baumrinde, in Astlöchern oder seltsamen

Verzweigungen Fabelwesen entdecken. Die Broschüre „Baumgesichter" zeigt Ihnen diese Stellen und beschreibt die vielen Interpretationsmöglichkeiten.

„Grünes Langenhagen" lädt darüber hinaus zu vielen Spaziergängen ein, so zu einem ökologischen Stadtspaziergang vom Rathaus zum Eichenpark, zur Wanderung im Bereich der Wietzeaue, zu Entdeckungstouren in Wiesenau, in Krähenwinkel und in Engelbostel oder in den Brinker Park.

Ein weiteres Kind dieser Initiative ist die „Offene Pforte". Private Gartenbesitzer öffnen ihr Refugium für die interessierten Mitbürger. So hat man viele Einblicke in Schmuck- und Nutzgärten und kann für die eigene *Scholle* so manche Anregung mitnehmen. Außerdem kommt es bei diesen Begegnungen immer wieder zu lebhaften Fachgesprächen und es entstehen neue nachbarschaftliche Kontakte. Termine für die Garteneinblicke werden jedes Jahr veröffentlicht.

Vom Rathaus in den Eichenpark
Ein ökologischer Stadtspaziergang
(Herausgegeben vom Arbeitskreis „Grünes Langenhagen")

Informationsmaterial über das „Grüne Langenhagen" liegt im Rathausfoyer kostenlos aus.

Also, gehen Sie auf Erkundung; machen Sie sich auf den Weg! Sie werden viele interessante Details entdecken. Vielleicht finden Sie hierbei einen Ihrer zukünftigen Lieblingsplätze oder -wege im grünen Langenhagen.

Joachim Vogler [65]

---

65 Alle Bilder und Quellen deren Herkunft nicht besonders erwähnt wurde, sind Archivalien des Stadtarchivs Langenhagen entnommen

Parks in Langenhagen

Der mitten in Langenhagen gelegene „Eichenpark" ist die älteste Anlage dieser Art in der Stadt. Sie ist gartenhistorisch besonders wertvoll. Deshalb wird in Zukunft eine Restaurierung auf der Grundlage alter Pläne mit Bundesmitteln gefördert.

Deutlich jünger ist der „Brinker Park", der sich ebenfalls mitten im Stadtgebiet befindet. Noch jüngeren Datums, dafür aber erheblich größer, liegt der „Wietzepark" am gleichnamigen Grenzfluss. Eine weitere neuzeitliche Parkanlage grenzt das Wohngebiet „Weiherfeld" zur Autobahn-Eckverbindung ab.

Grünflächen im Stadtgebiet
(Auszug aus dem Integrierten Stadtentwicklungskonzept)

Historischer Eichenpark

Am Anfang: Amtsverwaltung und Landwirtschaft

An der südlichen Gemarkungsgrenze der Kircher Bauerschaft des alten Dorfes Langenhagen befand sich auf der Ostseite der Heerstraße nach Stade der Vogthof, der spätere Amtshof. Von hier aus verwaltete der Vogt und nachmalige Amtmann als Vertreter des Fürsten die Dörfer nördlich der Residenzstadt Hannover.

Zum Vogthof gehörten neben dem Amtshaus, dem Amtsgericht und dem Gefängnis auch zahlreiche Gebäude, die der Landwirtschaft dienten. In Scheunen wurden unter anderem Naturalien eingelagert, die die zinspflichtigen Bauern abzuliefern hatten. Richtung Osten schlossen sich an den Vogthof umfangreiche Ländereien an. Wirtschaftsgarten, Wiese, Acker, Waldstück und Viehbestand sicherten dem Vogt die Einkünfte für seinen eigenen Haushalt. So war er nicht nur Amtsperson, sondern auch Landwirt. Diese landwirtschaftlich genutzten Flächen erstreckten sich Richtung Osten bis nahe an die Wietze. An die östliche Grenze des Amtshofs schloss sich bis zur Wietze die „Gemeinheit" an, eine gemeinschaftlich genutzte Fläche, die allen Bauern als Weideland zur Verfügung stand.

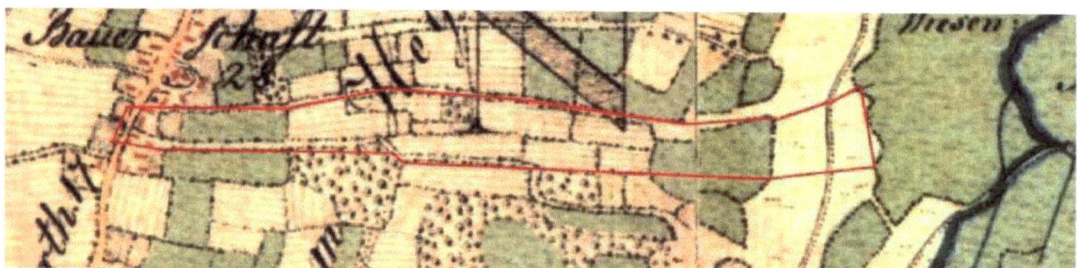

Ausschnitt aus der Kurhannoverschen Landesaufnahme von 1781; die rot eingerahmte Fläche, südlich der Kirche an der Heerstraße gelegen, gibt das Areal des ehemaligen Amtshofs wieder, die Keimzelle der 1861 gegründeten „Idiotenanstalt".

So war der Amtshof, bis auf die öffentlichen Gebäude, genauso strukturiert wie jeder Meierhof. Typisch sind auch die Baumreihen an der nördlichen und südlichen Hofgrenze, die Langenhagen als Hagendorf über Jahrhunderte geprägt haben. Davon zeugen noch heute die Stadtparkallee und die Niederrader Allee. Als Bäume wurden überwiegend Eichen und Buchen gepflanzt, die im Herbst mit ihren Früchten das Vieh ernährten.

Das war die Situation, wie sie bis 1859 bestand, als das Amt Langenhagen und das Amtsgericht aufgelöst wurden. Mit der Verlegung der Verwaltung nach Hannover war der Amtshof vakant und der *Domänen-Fiskus*, der im Staatsauftrag die Hofstelle verwaltete, suchte nach Nutzungsmöglichkeiten für die Gebäude und die umfangreichen Flächen.

Der ehemalige Amtshof erfährt eine neue Nutzung

Es ist also naheliegend, dass das „Comite zur Errichtung von Erziehungs- und Pflege-Anstalten für geistesschwache Kinder im Königreich Hannover" sich als Standort einer solchen Einrichtung in oder in der Nähe Hannovers 1861 für das ehemalige „Amtsetablissement" entschied. Gebäude und Ländereien wurden mittels eines Miet- und Pachtvertrages der Stiftung übertragen. Die Gesamtgröße des ehemals gepachteten Geländes betrug ca. 75 *Morgen*. Durch Ankauf benachbarter Hofstellen und Teilflächen wuchs das gesamte Areal der späteren Heil- und Pflegeanstalt auf ca. 350 *Morgen* (Stand 1935, im Zusammenhang mit den Übernahmeverhandlungen der Anstalt durch die Provinzhauptstadt Hannover).

Bereits in den ersten fünf Jahren nach Gründung der Anstalt verdoppelte sich die Anzahl der Pfleglinge. Robert Koch, der 1866 in der „Idiotenanstalt" als Arzt

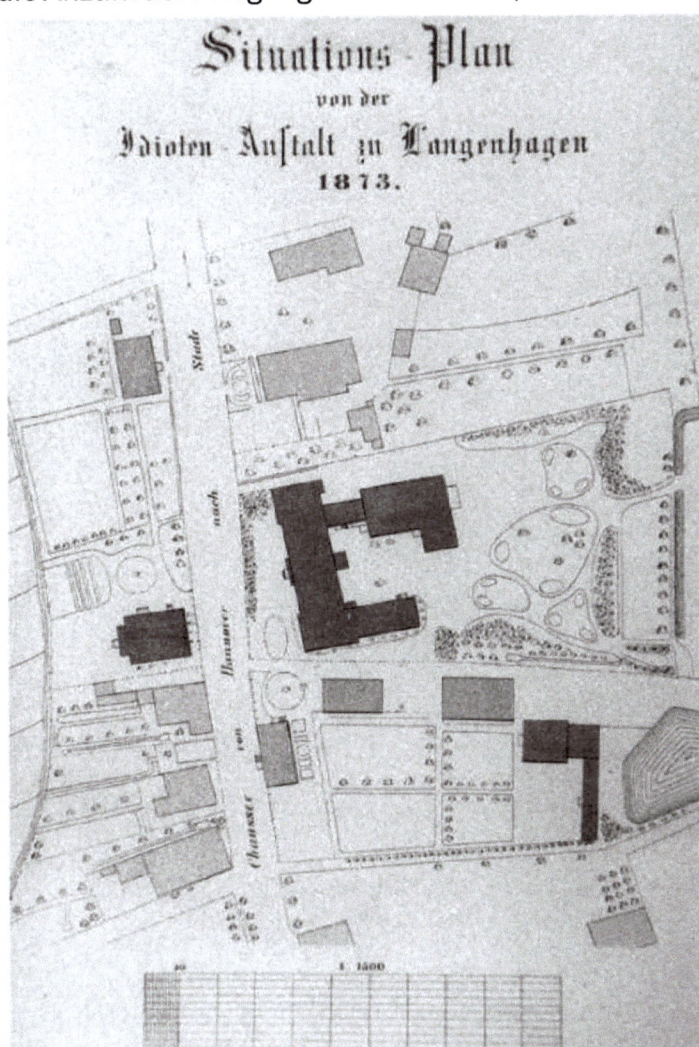

angestellt war, beschrieb in einem Brief an seine Eltern in Clausthal die Enge der Gebäude des ehemaligen Amtshofs. Viel zu klein geworden und vom Raumzuschnitt ungeeignet für die Unterbringung von Anstaltsinsassen wurde zunächst das alte Amtshaus um einen Südflügel, später durch einen Nordflügel ergänzt. Die gesamte Frontseite zur Chaussee nach Stade erhielt eine neue Fassade. Das war die bauliche Situation im Jahr 1873.

Der Situationsplan der „Idioten-Anstalt" von 1873;

Wie man auf dem Situationsplan erkennt, entstanden neben Um- und

Neubauten bereits neugestaltete Gartenanlagen. Noch einmal Robert Koch zitierend, er schreibt: „Neben den einzelnen Gebäuden sind Gärten, namentlich ein größerer hinter dem Amtsgebäude, an diesen schließen sich ein paar kleine Wiesen und dann Waldanlagen, das sogenannte Gehege, mit sehr hübschen Spazierwegen und Plätzen an; weiterhin kommen dann wieder Wiesen und Felder mit größeren Waldpartien abwechselnd, ..."[66] An Stelle des ehemaligen Amtsgebäudes, von dem Robert Koch 1866 noch berichtet, scheint an der Chaussee nach Stade bereits ein neuer Zentralbau errichtet worden zu sein.

Neue Therapieansätze bei der Behandlung psychisch kranker Menschen

An der weiteren baulichen Entwicklung der Anstalt wird deutlich, dass am Ende des 19. Jahrhunderts modernere Therapieansätze bei der Unterbringung und der Behandlung psychisch kranker Menschen Einzug hielten.

Eines der im II Weltkrieg stark beschädigten Patientenhäuser, die instandgesetzt und saniert wurden.

Bisher düstere, geschlossene Gebäude werden offener gestaltet. Gebäude erhalten nahezu villenhaftes Aussehen. Große Fenster bringen mehr Helligkeit

---

66 Aus: Historische Entwicklung der Klinik für Psychiatrie und Psychotherapie; Stadtarchiv Langenhagen, Sign. Nr. 5.2.3- Idiotenanstalt/Klinikum Hannover

in die Räume. Vorgebaute Veranden ermöglichen, dass bettlägerige Kranke draußen in ihren Betten frische Luft und Sonne genießen können. Die Längsseiten der Gebäude werden mit den Fensterfronten nach Süden ausgerichtet. Man rückt Gebäude weiter voneinander ab, damit sie sich nicht verschatten.

„Wo ehemals auf dem Amtshof Landwirtschaft und Viehhaltung stattfanden, entwickelten sich nun in diesen Berufsfeldern Arbeitstherapien für Heiminsassen. Sie werden jetzt in der Landwirtschaft angelernt. Darüber hinaus gibt es weitere, vielfältige Beschäftigungsfelder. Alle diese Therapieansätze werden in der inzwischen umbenannten „Provinzial-Heil- und Pflegeanstalt" verwirklicht.

Der große Schritt in die Zukunft

Um die Jahrhundertwende vom 19. zum 20. Jahrhundert reifen die Pläne für einen weiteren Ausbau der Heil- und Pflegeanstalt.

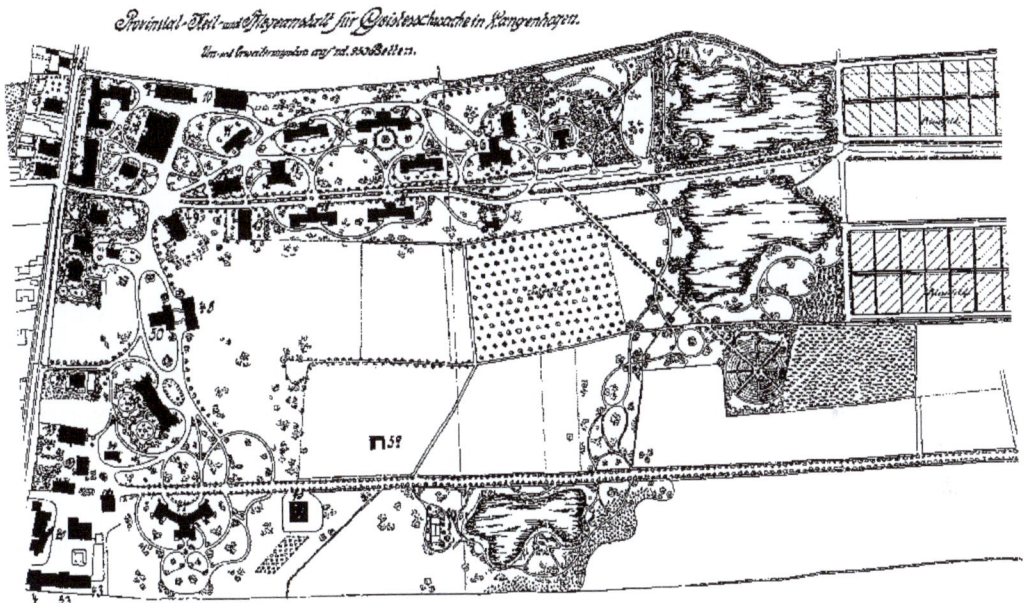

Der Ausbauplan der Provinzial- Heil- und Pflegeanstalt aus dem Jahr 1907. Er zeigt die Absicht zur Erweiterung der Anstalt auf insgesamt 950 Patienten im Jahr 1909. Zu bemerken ist, dass insbesondere das Wegenetz sehr idealisiert dargestellt ist, und später nicht 1:1 umgesetzt wurde.

An dieser Stelle liegt der Schwerpunkt in der Beschreibung der gärtnerischen und landschaftlichen Anlagenteile.[67]

Geschwungene Spazierwege, begleitet von Hecken und Strauchgruppen und in der Parktiefe Bäume unterschiedlichster Gattungen, Wiesen und

---

67 Weitere Informationen finden Sie unter: https://www.ag-gliem.de/gliemvm/VM%20Heil-%20und%20Pflegeanstalt.pdf

Obstgärten wechseln sich mit Freiflächen und Teichen ab. All dies sind Elemente der gartengestalterischen Ideen aus der Mitte des 19. Jahrhunderts.

Leider hat man, besonders seit dem II. Weltkrieg, den Baumbestand und die Parkanlagen sehr vernachlässigt. Es hat an der umsichtigen Pflege gemangelt. Das Alter der Bäume und nicht erfolgter Rückschnitt, aufkommende Gehölze, die unkontrolliert Flächen überwuchern, lassen in vielen Bereichen die ursprüngliche Gestaltungskonzeption nur noch erahnen.

Blick in die Hauptallee des Klinikgeländes Richtung Osten in Höhe des Wasserturms; eine Aufnahme von 1956, zu einer Zeit, in der die Klinik und der Park noch als „abgeschlossenes" Gelände galten, Außenstehende hatten keinen Zutritt.

1909 wurde im süd-östlichen Bereich des Parkgeländes ein anstaltseigener Friedhof eingerichtet. Hier wurden Anstaltsinsassen und Angestellte der Heil- und Pflegeanstalt beigesetzt. Dieses etwas abseits gelegene Areal erreicht man über eine von der Hauptallee abzweigende Blutbuchenallee. Bis kurz nach dem II. Weltkrieg wurde auf dem Friedhof noch bestattet. Heute ist dieser als Friedhof kaum noch erkennbare Bereich Teil der gesamten Erholungsflächen.[68]

68 Siehe auch Thema: GLIEM- „Friedhof der Heil- und Pflegeanstalt",

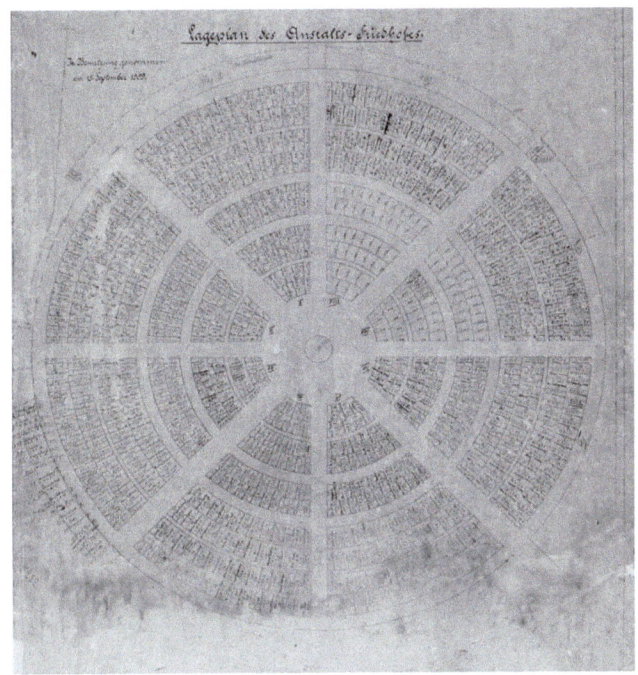

Der Friedhofsplan mit eingetra-genen Namen der dort bestatte-ten Personen

Die Kreisform dieses Friedhofs geht auf Gedanken der *Herrnhuter Brüdergemeinde* zurück. Sie hatten im 18. Jahrhundert eine neue Form des Friedhofs etabliert. Diese ist nach einem strengen Raster gegliedert: Alle Grabstellen sind gleich groß, in strenger Ordnung aufgereiht, die Grabsteine schlicht und alle gleichartig. Damit sollte darauf hingewiesen werden, dass alle Menschen vor Gott gleich sind. Außerdem wird auf Herrnhuter Friedhöfen auf jegliche religiöse Symbolik verzichtet. Diese Vorstellungen haben offensichtlich auch die Anlage des Friedhofs der Anstalt bestimmt.

Diese Rotbuchen-Allee führt von der Kapelle zum Friedhof

Die beiden Teiche im Eichenpark wurden später ausgehoben, um Sand für den Bau der Rieselfelder zu gewinnen. Diese Felder wurden zur Klärung des Schmutzwassers aus der Heil- und Pflegeanstalt benötig. Die anfallenden Fäkalien sollten auf diesen Feldern im östlichen Bereich des Klinikgeländes zur Klärung verrieselt werden.

Da das Grundwasser sehr hoch stand, musste das Areal aufgehöht werden. 1902 wurde hierzu der größere nördlich gelegene Teich angelegt. Die anfallenden Bodenmassen bildeten Dämme als Umfassung der Verrieselungspolder. Der Teich füllte sich anschließend mit Grundwasser. Einige Jahre später wurde südlich des ersten Teiches ein zweiter Teich angelegt. Anfang der 20er Jahre erhielt der nördliche Teich, der inzwischen als Badestelle freigegeben worden war, sogar ein eigenes Badehäuschen. Die Wasserqualität der Teiche war so gut, dass sich sogar Teichmuscheln ansiedelten. Gebäude und Parkanlagen gelten heute als geschützter Bereich in Sinne des Denkmalschutzes. [69]

Eine Aufnahme aus dem Jahr 1922 zeigt den nördlichen Teich mit dem Badehäuschen

Bis zum Anfang der 60er Jahre war das Anstaltsgelände insgesamt umfriedet, der Zugang war nur am Pförtnerhaus vorbei von der Walsroder Straße aus möglich. Außenstehende hatten keinen Zutritt, es sei denn, man wies sich aus und kam als Besucher eines Patienten oder Anstaltsinsassen. Diese Situation änderte sich, als Mitte der 60er Jahre die Stadt Hannover Teilflächen an die Stadt Langenhagen veräußerte.

---

69 Baudenkmale in Niedersachsen, Region Hannover Teil 2 (13.2),

Eine neue Entwicklung kündigt sich an

Langenhagen begann südlich des Areals der Heil- und Pflegeanstalt sein Stadtzentrum zu entwickeln, und benötigte zunächst Grundstücke für die Errichtung eines Gymnasiums und einer neuen Feuerwache. Diese Flächen, nördlich der heutigen Konrad-Adenauer-Straße gelegen, waren das südliche Areal der Heil- und Pflegeanstalt.

Mit mehreren Kaufverträgen erwarb Langenhagen in den 80er und 90er Jahren weitere umfangreiche Flächen des Anstaltsgeländes, darunter auch mehrere ehemalige Klinikgebäude. Im Zusammenhang mit den Flächenankäufen von 127.000 m² bürgerte sich der Name „Eichenpark" ein. Nun konnte man den Grünzug „Heestern" mit größeren Flächen des Klinik-Parkgeländes zusammenführen und mit dem zukünftigen Stadtzentrum verbinden. Das Ziel, die Grünflächen in der Mitte der Stadt zu verknüpfen und als „grüne Lunge" zu erhalten, zu sichern und den Bürgern als Erholungsflächen zur Verfügung zu stellen, war damit erreicht. Die Zäune um das ehemalige „Sperrfort", wie Hermann Löns das Anstaltsgelände einmal beschrieb, wurden zurückgebaut. Die Bürger konnten nun ungehindert das Parkgelände betreten.

Parallel zur Übertragung der Grundstücke in das Eigentum der Stadt Langenhagen übernahm die Naturkundliche Vereinigung Langenhagen (NVL) in Zusammenarbeit mit dem *NABU* die Betreuung von Flora und Fauna im Parkbereich. Umfangreiches Totholz bietet Quartier für seltene Vogelarten und Fledermäuse. Inzwischen hat die NVL Räume des ehemaligen Wasserturmes als Naturinformationszentrum umgestaltet und nutzt das Gebäude gemeinsam mit dem Imkerverein Langenhagen. Im Obergeschoss des Wasserturms brüten Falken, Dohlen und Krähen, selbst Schleiereulen und Waldkäuze. Im Sommer 2019 hatte sich sogar ein Nilgänsepaar einquartiert.[70]

Wie geht es weiter?

Die Grünflächen des Eichenparks zusammen mit den Heestern und den Rieselfeldern sind ganz entscheidend für das positive Klima in der Stadtmitte. Bäume und zusammenhängendes Stadtgrün sorgen für einen Kühlungseffekt, der gerade bei steigender Erderwärmung immer mehr an Bedeutung gewinnt. Nur wenige Städte haben in ihrem Stadtkern noch so ausgedehntes Grün. Umso wichtiger ist es, diese Parks zu erhalten und zu pflegen.

Werner Kirschning, der sich über Jahrzehnte im NABU und in der Naturkundlichen Vereinigung Langenhagen engagierte, hat in einem Aufsatz Grundzüge für einen naturkundlichen und kulturhistorischen Lehrpfad im Eichenpark entwickelt. Historische Gartengestaltung, Naturschutz, schonender Umgang mit

---

70 GLieM-Tafel 119 – Der Wasserturm – Ein Zentrum für den Naturschutz

dem Biotop, medizinische und soziale Aspekte der Krankenhauspflege der Vergangenheit, Architektur des Klinikgeländes, technische Details der ehemals eigenständigen Ver- und Entsorgung können so umfassend dem Besucher nahegebracht werden.[71]

Der Lehrpfad könnte von Langenhagener Bürgern, Schulen, Patienten und Besuchern der Kliniken und von Heimbewohnern und Vereinen genutzt werden.

Wir sehen, es gibt vielfältiges Gestaltungspotential, der Eichenpark verdient diese Aufwertung. Achten wir darauf, dass dieses Kleinod in unserer Stadtmitte erhalten bleibt und gepflegt wird.

Ausblick

Ein wichtiger Schritt zur Revitalisierung des Parkgeländes wurde aktuell von den Ratsgremien der Stadt beschlossen. Im Rahmen des Förderprogrammes "Lebendige Zentren" als Ergänzung zur Sanierung der Kernstadt- Nord, erfolgt die schrittweise Umgestaltung des Parkgeländes. Das Gebiet des ersten Sanierungsabschnitts beinhaltet im Wesentlichen den Bereich der beiden Teichanlagen, den historischen Friedhof, Baumalleen sowie Wiesen- und Waldflächen im Süden und Osten. Als Ort der Begegnung, Erholung und als Zeitzeugnis sowie für den Naturschutz ist dieser Bereich von besonderer Bedeutung. Weitere Sanierungsschritte sollen folgen, zu denen unter anderem auch die Wiederherstellung des historisch gewachsenen Wegenetzes zählt.

Ergänzter Text von Joachim Vogler vom November 2019 für das virtuelle Museum der AG-GLieM. - sonstige Quellen:[72]

---

71 Werner Kirschning: Vorschlag für ein Projekt: Naturkundlicher und kulturhistorischer Lehrpfad im Eichenpark
72 Fotos und Bilder so weit nicht anders bezeichnet: Stadtarchiv Langenhagen

Brinker-Park und Wietzepark

Der eingangs erwähnte 12,5 ha große Brinker-Park wurde im September 1985 eingeweiht. Er dient seitdem als Naherholungsgebiet für die angrenzenden Stadtteile. Wie im Stadtpark gezeigt, wird seine Grundstruktur von der alten bäuerlichen Kulturlandschaft bestimmt. Zudem sind einige kleinere Biotope wie Wiesen und Tümpel vorhanden. Spielmöglichkeiten wurden ebenso wie ein Grillplatz geschaffen. Der Park wird durch die Trogstrecke zum Flughafen geteilt. Die Teile sind durch eine Fußgängerbrücke verbunden. Die Karte ist dem Integrierten Stadtplanungskonzept ISEK entnommen

Während der Stadtpark/Eichenpark und der Brinker-Park noch die vorhergehende Gestalt der bäuerlichen Kulturlandschaft enthalten, ist der Wietzepark ein neuzeitliches Konstrukt. Er wurde auf einer zuvor einförmigen Ackerfläche entwickelt, die kaum einmal einen Feldrain enthielt. Allein ein von Jägern gepflanzter *Hegebusch* unterbrach die ebene Fläche.

Wietzepark, die große Wiese nahe der Wietze (Fotos Jagau)

Die Planzeichnung weist große Wiesenareale aus, die heute gerne mit Hunden durchstreift werden. Deshalb lässt sich der ursprünglich beabsichtigte Schutz von Wiesenvögeln dort nicht umsetzen. Kiebitze und Lerchen, die vor dem Bau dort noch vorkamen, können sich nicht halten.

Wietzepark, der Teich mit angrenzendem frisch gemähtem Wiesenstreifen

Dagegen haben sich die neu angelegten dichten Buschstreifen als Dorado für Nachtigallen und andere Arten entwickelt, die diesen Bewuchs benötigen. Ein mit Schilf umkränzter Teich nützt Fröschen, Molchen und Wasservögeln.

Mit seiner Größe von rund 30 ha ist der über die Wietze hinweg auf Isernhagener Seite erweiterte Park schon sehr beachtlich. Die Planung wollte in ihm Übergänge von einer Parkanlage zur langfristig entwickelten Kulturlandschaft aufzeigen. Das ist in der seit der Eröffnung im Jahr 2005 verstrichenen Zeit verwirklicht worden. Die Wiesenflächen werden naturschutzgerecht nur selten gemäht. Neben örtlichen Grasarten halten sich verschiedene Wiesenblumen, wie Löwenzahn und Wucherblume. Zur Zeit der Obstblüte sind die auf dem Parkplatz stehenden Bäume eine Pracht. Da die gesamte Fläche auch insektenfreundlich gestaltet wurde, dient sie auch dem Schutz vieler Arten dieser biologisch wichtigen *Klasse*.

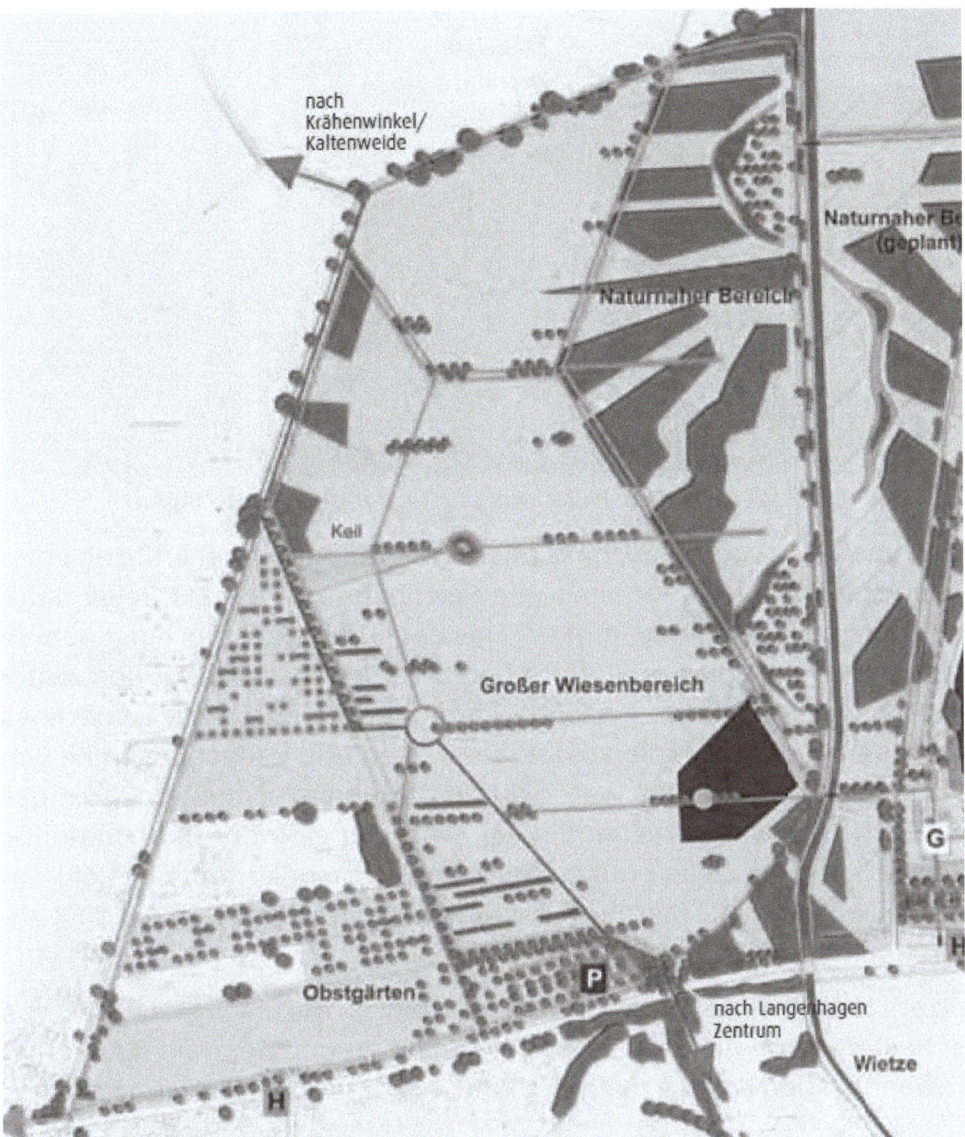

Planzeichnung Wietzeparks - Planung: Christine Früh

Aus der Broschüre: Der Wietzepark - Ein Spaziergang durch die Jahreszeiten, Rechte: Region Hannover

Gewässer in Langenhagen

Die Wietze als Grenzfluss zwischen Hainhaus und Isernhagen (Foto Jagau)

Wir können uns kaum vorstellen, dass unser Ort in geologischer Frühzeit unter dem Meeresspiegel lag. Ammoniten und Fischsaurierzähne als Beleg dafür fand man in Tonkuhlen bei Engelbostel. Das Land hob sich, das einst höhere Niedersächsische Bergland verwitterte und lieferte Füllmasse für das weiter nördlich gelegene Flachland. Eiszeiten kamen und gingen, die Leine floss einst zwischen den Plätzen, die später Isernhagen und Langenhagen heißen sollten. Doch deren Urstromtal wurde durch Dünen abgeschnitten. So muss die Leine heute weiter im Westen fließen, während sich der unbedeutende Bach „Wietze" an ihrer Stelle breit machte. Sein Wasser kommt aus der hannoverschen Eilenriede, aus Isernhagen und zu nicht geringem Teil aus der Langenhagener Kläranlage.[73]

Das Wietzetal war im Mittelalter ein wichtiger Platz für die Eisengewinnung aus dem hier anstehenden Rasen-Eisenstein. Noch heute findet man hier Schlacke aus *Rennöfen* und schwarzgefärbte Plätze - Standorte der Kohlenmeiler.[74]

In alter Zeit schlängelte sich die Wietze hin und her, was nicht nur als schöner gilt, wenn man es mit dem oben abgebildeten grabenartigen Verlauf vergleicht. Nein, sie war auch die Heimat von allerlei Fischen, so auch Forellen, die Hermann Löns um 1900 hier noch fangen konnte. Die Schlängelei des Flüsschens war vor den Zeiten genau vermessener Grenzen Anlass für

---

73 GLieM Tafel Nr. 81 Die Wietze – Natur und Landschaft
74 GLieM Tafel Nr. 97 Eisenverhüttung in der Wietzeaue

handfeste Grenzstreitigkeiten zwischen dem Calenberger Amt Langenhagen und dem Celleschen Amt Burgwedel, denn die Wietze bildete die Grenze zwischen den Fürstentümern Braunschweig – Lüneburg und Calenberg.[75]

Die Wietze bringt heute das meiste Regenwasser aus Langenhagen zur Aller. Es gibt aber auch ein weniger bekanntes Bächlein, die Auter, das Wasser Richtung Leine fließen lässt. Die Auter entsprang ursprünglich nahe Kaltenweide und fließt durch den Forst Kananohe sowie südlich des Schwarzen und des Otternhagener Moores. Bei Otternhagen biegt der Lauf nach Norden um und erreicht nach weiteren 10 Kilometern die Leine. Gespeist wird die Auter hauptsächlich durch Entwässerungsgräben wie dem Ellerbruchgraben, dem Scheidegraben und dem Hauptvorfluter im Kaltenweider Moor. Letzterer wird jedoch im Rahmen der Wiedervernässung des Bissendorfer Moores verschlossen. In Dürrejahren der unmittelbaren Vergangenheit fiel die Auter schon mal trocken, weil ihr der Zufluss fehlte.

Im Stadtgebiet Langenhagens gibt es demnach kaum Fließgewässer. Dagegen ist an Tümpel, Teichen und Baggerseen kein Mangel. Wegen des Flughafens sollen die Wasserflächen nicht zu groß sein, denn die Gefahr des Vogelschlags durch Wasservögel ist durchaus gegeben. Die größte Wasserfläche liegt daher auch weit vom Flugplatz entfernt an der östlichen Stadtgrenze. Es ist der Wietzesee, aus dem immer noch Sand und Kies gebaggert werden.

Der Wietzesee, Blick Richtung Osten (Foto Jagau 2019)

Die nächstgrößeren Seen, Silbersee, Waldsee und Schulenburger Südsee, können anders als der Wietzesee bereits von den Bürgerinnen und Bürgern Langenhagens genutzt werden. Der Silbersee ist von diesen Gewässern das

---

75 GLieM Tafel Nr. 80 Die Wietze – Grenze zweier Fürstentümer

älteste und größte. Der Waldsee ist dagegen das kleinste Gewässer und fällt fast schon in die Kategorie „Teich". Mit rund 1,5 ha Fläche darf er aber schon „See" genannt werden.

Das Gebiet des heutigen Silbersees gehörte einst zum Truppenübungsplatz Vahrenwalder Heide, auf dem schon der General von Scharnhorst um 1800 seine Artillerie schießen ließ. Viele Jahre lang, d. h. bis zum Bau der Autobahn Richtung Berlin, der 1934 begonnen wurde, wurde hier nicht nur geschossen, sondern auch Munition gelagert. Das endete mit der Gewinnung von Sand für die Autobahntrasse. Ein Baggersee von knapp 7 ha Größe war das Ergebnis. Nach dem Zweiten Weltkrieg entsorgte man hier zudem Brandbomben, Granaten und anderes Material dieser Art.

Postkarte Silbersee um 1970

Die heutige A 2 ruht also auch auf Silbersee-Sand. Der Name wird seiner spiegelnden Fläche zugeschrieben, die einem Piloten besonders aufgefallen sei. Das dürfte nicht so recht zutreffen, denn jeder See spiegelt silbernes Licht bei einer bestimmten Sonneneinstrahlung. Vielmehr dürfte Karl May mit seinem 1894 veröffentlichtem Buch „Der Schatz im Silbersee" für den Namen gesorgt haben. In diesem See lag, dem Roman nach, tatsächlich Silber, also der Schatz. Sein Langenhagener Namensvetter barg jedoch alles andere als einen solchen.

Nachdem ein Mädchen sich 2016 an einem Phosphorstück[76] aus dem See verbrannte, wurde dort intensiv nach Munitionsresten gesucht. Dabei wurden im Bereich des historischen Sprengplatzes am Ostufer 3.364 Munitionsteile mit einem Gesamtgewicht von gut 10.500 Kilogramm gefunden. Etwa 90 Prozent davon wurden der Zeit des ersten Weltkriegs zugeordnet. Nun muss man nach wie vor überall in Langenhagen mit Kampfmitteln aus dem Zweiten Weltkrieg rechnen, diese Massierung war aber doch etwas ungewöhnlich. Insgesamt wurden rund 10.000 m^3 Sandboden abgetragen und untersucht. 4000 Tonnen kontaminierter Boden mussten in Deponien gebracht werden.

Der Hundestrand am Silbersee, Blick von Süden nach Norden (Foto Jagau)

Heute umgibt eine Parkanlage mit Spiel- und Sportstätten den alten Baggersee. Die DLRG unterhält eine Rettungsstation. Der dazugehörende Ausguck stand früher mal am Hannoverschen Aegidientorplatz. Von dort wurde der Verkehr überwacht und nach Bedarf mit manueller Ampelschaltung geregelt.

Der Waldsee ist mit 1,5 ha Wasserfläche der zweitgrößte Badesee in Langenhagen. 1968 -69 hat ihn die damals selbständige Gemeinde Krähenwinkel als Badesee ausbaggern lassen. Den passenden Namen gaben Kinder aus der Grundschule Krähenwinkel. Auch dieser Badesee wird von einem kleinen

---

76 Phosphor wurde in Brandbomben eingesetzt, da er sich nicht mit Wasser löschen lässt.

Landschaftspark umgeben. Hinzu kommen ein Kinderstrand mit Spielgeräten auf einer künstlichen Düne sowie seit 2002 die auf dem Bild sichtbare blaue Badeinsel. Anders als am großen Silbersee gibt es hier keinen Hundestrand, während der Badesaison dürfen diese Vierbeiner nicht auf das eingezäunte Gelände. Bei schönem Wetter wacht die DLRG ehrenamtlich und schützt die Schwimmer. Geschwommen werden darf von drei Seiten aus. Das Nordufer dient als Biotop und ist gesperrt.

Badesteg am Waldsee, Blick von Osten nach Westen (Foto Jagau)

Beide Badeseen in Langenhagen haben eine vorzügliche Wasserqualität, die regelmäßig überprüft wird. Der weniger besuchte Waldsee liegt dabei mit geringem Vorsprung an der Spitze

Der Schulenburger Südsee – ein alter Baggersee - liegt am Rande des Stadtgebiets nahe der Autobahn. Er wird von Spaziergängern, Surfern und Seglern besucht. Der Segelclub Passat musste jedoch Schaden durch Vandalismus hinnehmen. Man zog sich zum Silbersee zurück.

Das Moor in Langenhagen

Unsere Stadt hat nur einen kleinen Anteil an dem Projektgebiet „Hannoversche Moorgeest". Zudem wurde dieser Teil von „Langenhagener Moor" um 1800 zu „Kaltenweider Moor" und heute „Bissendorfer Moor" umbenannt. Doch der Name ist wirklich unwichtig, denn dieser Teil zeigt beispielhaft die Formen einer Moorlandschaft.

Dieser Ausschnitt aus einer Karte der Kurhannoverschen Landesaufnahme des Jahres 1781 zeigt deutlich, dass dieses Moor damals bis an den Ort Kaltenweide heranreichte. Heute sind die Flächen bis zum Acht-Minuten-Weg *abgetorft* und in Acker umgewandelt worden. Auf dem Moor ist keinerlei Anflug von Bäumen verzeichnet. Die Fläche wird also ähnlich kahl gewesen sein, wie es heute nur noch der restliche Hochmoorteil mit „heiler Haut" am Muswillen-See ist.

Ausblick vom südlichen Beobachtungsturm (Foto Jagau, März 2019)

Die ursprüngliche Moorlandschaft haben hart arbeitende Bauern und Tagelöhner über Jahrhunderte stark verändert. Sie zogen Gräben zur Entwässerung, um den Torf leichter zu gewinnen. Dann stach man im Handtorfstich tausende und abertausende Soden, schichtete sie zum Trocknen auf und brachte dann den trockenen Torf zur Feuerung in die Dörfer oder nach Herrenhausen, denn auch das dortige Schloss wurde lange mit Torf geheizt. Dessen Ursprung war das „Herrschaftliche Moor", das heute noch so heißt. Die Torfgewinnung dort gehörte zu den Dienstpflichten der Leute in den umliegenden Ortschaften, besonders Kaltenweide und Engelbostel. Noch im 19. Jahrhundert mussten Bauern aus dem Amt Langenhagen bis zu sechsmal unentgeltlich Torf nach Herrenhausen fahren. Fuhren sie öfter, gab es eine auskömmliche Vergütung, die ihnen in der Winterzeit, wenn auf dem Hof weniger Arbeit anlag, durchaus willkommen war.

Auf einem Fuder konnten 1.000 trockene Soden transportiert werden. Für die zugehörigen Arbeiten waren die Bauern in unterschiedlichem Maße verantwortlich. Übersicht gewährt diese Tabelle für die Dörfer Langenhagen und Krähenwinkel aus dem Jahr 1841:

Bauern-klasse	Geforderte Dienste	Wert	Capital
Vollmeier	6 Spanndienste 3 Handdienste	9 Rth 9 ggr 2 Rth 12 ggr 9 Pf	62 Rth 5 gg 9 Pf
Großköthner	2 Spanndienste 3 Handdienste		
Kleinköthner	2 Spanndienste 3 Handdienste 6 sonstige Dienste		
Brinksitzer	2 Spanndienste 3 Handdienste 4 sonstige Dienste		

Zu den Handdiensten gehörte das eigentliche Torfstechen, das „Schieben", also die mit Soden beladenen Karren zu den Trockenplätzen zu schieben, und sonstige Dienste, wie Stapeln, Ab- und Aufladen.

Den jährlichen Wert dieser Arbeiten veranschlagte die Hof-Kammer mit rund 9.000 Reichstalern, die mit Zinsen in sechs Jahren von den Bauern in Langenhagen und Krähenwinkel abgezahlt werden mussten, damit sie ihre Herrendienstpflichten loswurden.

Das verbleibende Torfstechen für den eigenen Bedarf dauerte bis in die 50er-Jahre. Aufgrund der überlieferten Strukturen der Torfstiche waren die Moore in der Hannoverschen Moorgeest in schmale Streifen zerteilt, wie diese Abbildung zeigt.

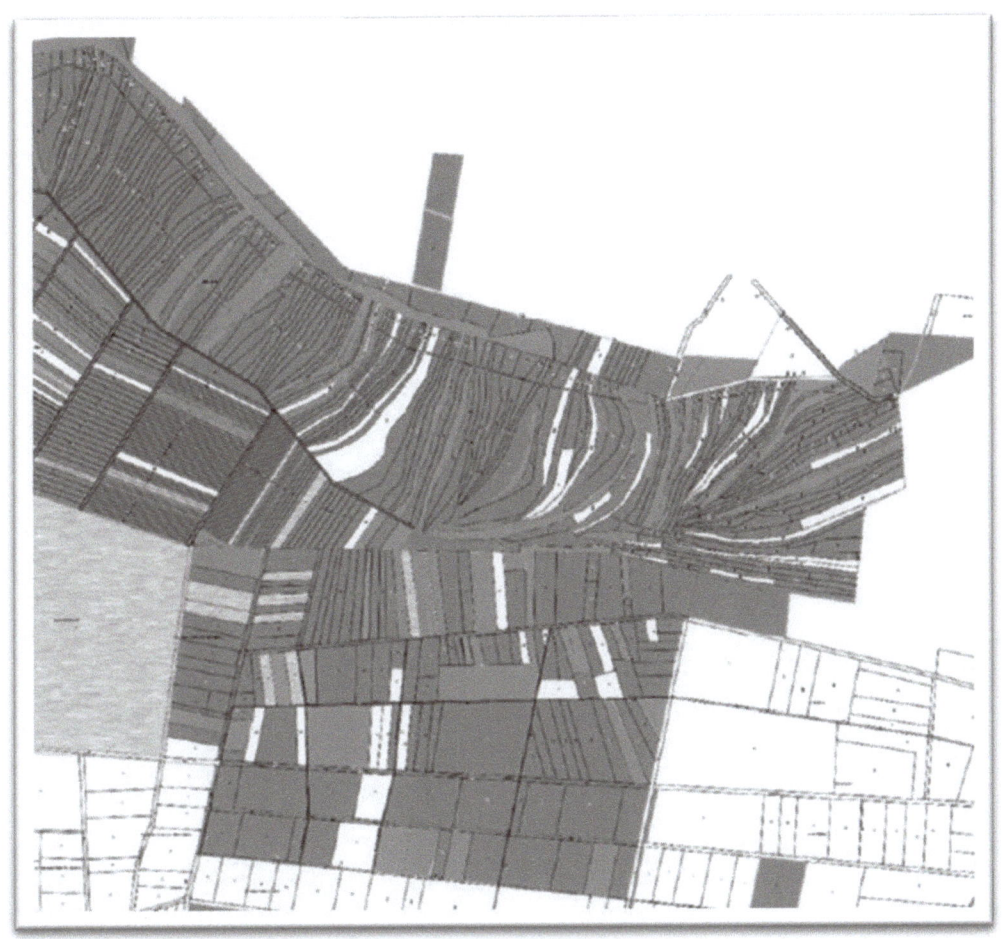

Ein Teil des Bissendorfer Moores. Die grau eingefärbten Flächen waren Ende 2022 für das Projekt „Hannoversche Moorgeest" verfügbar.

Im unteren, südlichen Bereich wurden Grundstücke schon einmal zusammengelegt, denn dort sollte nach der *Abtorfung* Landwirtschaft betrieben werden. Dieses Vorhaben stellten die Behörden aber nach dem Zweiten Weltkrieg ein. Die Flächen am unteren Bildrand wurden nach 1950 jedoch noch bis zwei Meter Tiefe gepflügt. Dadurch wurden der restliche Torf und der darunter anstehende Sand vermischt. Auf diese Weise entstanden ackerfähiges Land und Wiesen.

Pflug beim Moorumbruch

Die Pflüge für diesen Tiefumbruch der alten Moorflächen waren gewaltige Maschinen. Sie wurden von Dampfmaschinen – *Lokomobilen* – an Drahtseilen hin- und hergezogen.

Wir können uns heute kaum vorstellen, welche mühsame Arbeit das Torfstechen war. Einen Eindruck erlaubt das folgende Bild:

Hier hatte ein Lehrer seine Gymnasiasten – erkennbar an den Schülermützen – zum Torfstich geführt. Der Mann in der Grube sticht die Soden bis etwa 1,5 Meter Tiefe und reicht sie der Frau, die oben einen Wagen belädt. Ihre im Grundsatz außerordentlich schwere Arbeit wird durch Feldbahn-Schienen erleichtert, auf denen der Wagen leichter zu schieben ist. Links muss sie dann die Soden zum Trocknen in losem Verband aufschichten. Dort, wo der Lehrer mit drei Schülern steht, sieht man den Entwässerungsgraben für das Oberflächenwasser.

Da ein Hochmoor um etwa einen Millimeter pro Jahr wächst, muss es tausend Jahre bestehen, bis eine meterdicke Schicht entstanden ist. Es braucht deshalb sehr viel Zeit, die Mengen an Kohlendioxid zu binden, die heute im Klimawandel den Mooren zugeschrieben werden. Da ist es viel wichtiger, die Umsetzung des Torfes zu klimaschädlichen Gasen (Kohlendioxid, Methan) durch Wiedervernässung zu verhindern. Genau das ist die Zielsetzung des Projekts „Hannoversche Moorgeest".

In den alten Torfstichen sammelte sich Wasser. Dort siedelte sich das Torfmoos wieder an, das in Hochmooren maßgeblich für das Wachstum des Torfes sorgt.

Alter Torfstich am Hauptdamm (Foto Jagau 2019)

Auf den Dämmen zwischen den Torfstichen begannen Kiefern und Birken zu wachsen, die dem Moor zunehmend Wasser entzogen. In Verbindung mit der Entwässerung trockneten Moorteile mehr und mehr aus. Das förderte wiederum das Wachstum der Bäume. Auf weiten Flächen, besonders in den Randbezirken, entstand Moorwald. Das zugleich der Torf von Mikroorganismen zersetzt wurde, nahm man erst später als klimaschädlich wahr.

Um den negativen Auswirkungen der Austrocknung zu begegnen und die positive Wirkung der Moore zu erhalten, haben sich viele Naturfreunde, besonders die Faunistische Arbeitsgemeinschaft Moore, seit Jahren bemüht. So wirkt auch die Naturkundliche Vereinigung Langenhagen durch regelmäßige *„Entkusselung"*. Bei dieser Maßnahme werden kleine Kiefern und Birken von den Flächen entfernt, damit die Entwässerung durch den Bewuchs vermindert wird. Das folgende Foto zeigt eine solche Fläche in der Nähe des südlichen Beobachtungsturmes. Am linken Bildrand kann man noch nicht entfernten Aufwuchs sehen, dahinter steht schon Moorwald an. Wer schon mal mit Schneidwerkzeug und Sägen gearbeitet hat, kann sich vielleicht vorstellen, wie mühsam das Entkusseln ist. In Bezug auf die Gesamtfläche des Moores ist das eine fast aussichtslose Arbeit, mit relativ kleinen Erfolgen. Durch die Vernässung werden solche Arbeiten mittelfristig hoffentlich überflüssig.

Teilweise entkusselte Flächen im Bissendorfer Moor (Dort wurde noch kein Torf gestochen – „Heile Haut" Foto Jagau - Juni 2021)

Um größere Erfolge zu erzielen, müssen Moore wieder in einen ursprünglichen Zustand versetzt werden, d. h. wieder vernässt werden. Vier Moore in der Region Hannover zählen zu den wertvollsten in Niedersachsen, dazu gehört selbstverständlich das Bissendorfer Moor. In Zeiten mit zunehmender Betroffenheit wegen das Klimawandels richtete sich die Aufmerksamkeit auch auf den Schutz der bestehenden Moore. Deshalb wurde 2012 das „Life+ Projekt Hannoversche Moorgeest" genehmigt, das seitdem mit erheblichen Mitteln der EU, des Landes Niedersachsen und der Region Hannover gefördert wird.

Zunächst mussten über 2.200 ha Flächen privater Eigentümer in den Mooren für das Projekt gewonnen werden. Dieser Prozess wurde im Rahmen einer vereinfachten Flurbereinigung vorgenommen. Dazu gehörte die Bewertung der jeweiligen Besitzungen nach dem Flurbereinigungsgesetz. Das geschah in Zusammenarbeit mit dem Landesamt für regionale Landesentwicklung (zuständig für Flurbereinigung) und dem Vorstand der Teilnehmergemeinschaft für diese Maßnahme des Landes. Die Teilnehmergemeinschaft bildete sich aus allen Grundeigentümern im Flurbereinigungsgebiet. Weil die Moore in zum Teil sehr kleine Grundstücke mit Streubesitz zerteilt waren, gehörten über 900 Teilnehmer dazu, die im weiteren Verlauf durch einen gewählten Vorstand vertreten wurden und werden.

Bis die Wiedervernässung durch *Kammerung* von Gräben und Neubau von Moordämmen, die das Regenwasser zurückhalten, beginnen konnte, ging viel Zeit ins Land. Erst im Herbst 2023 konnten die Bauarbeiten im Langenhagener Teil des Bissendorfer Moores aufgenommen werden. Im Februar 2024 sahen Besucher schon deutliche Fortschritte. Sie wurden durch den regenreichen Herbst und Winter in der letzten Zeit sehr begünstigt. Hinter den neuen Dämmen steht das Wasser sehr hoch an. Wenn die Wasserstände durch erneute

Dürreperioden nicht wieder schwinden, werden die Moorwälder innerhalb des Staus sukzessive absterben. Danach kann sich die Regeneration durch wachsende Torfmoose durchsetzen.

Wasserflächen an neuen Moordämmen, Standort am Ende des Acht-Minuten-Wegs, Februar 2024, Foto Jagau

Inzwischen wird vielfach über das Projekt berichtet. Informationen über die Moore haben nicht mehr nur die bekannten Naturschutzorganisationen. Schülerinnen und Schüler der hiesigen Schulen kommen zu Arbeitseinsätzen und Erkundungen in die Moore. Auf der Grundlage besseren Wissens dürfte der Erhalt der Moore zukünftig besser gelingen.

Hans-Jürgen Jagau

Hinaus ins Grüne - Ausflugsgaststätten in der Landschaft

Krüge, Schänken, Wirtshäuser gab es im Langenhagen schon immer. Das belegen alte Dokumente ebenso wie die allgemeine Lebenserfahrung. Sie boten die Gelegenheit, etwas freie Zeit außerhalb der oft drangvollen Enge der eigenen Häuslichkeit zu verbringen. Es gab Bier und Schnaps für die Leute am Ort. Speisen und andere Getränke reichten die Wirtinnen und Wirte nicht überall. Reisende waren kaum unterwegs. Vorwiegend brachten Händler Waren aller Art sowie Vieh und Pferde zu den Märkten. Wegen der Wartezeiten an den Zollstationen dürften einfache Speisen auf dem Zettel gestanden haben, so beim Zollkrug oder dem alten Zöllnerhaus in Schlage-Ickhorst.

Im 19. Jahrhundert entfaltete die Industrialisierung ihre Wirkungen. Kohlenruß und Brikettfeuer verdarben die Luft in den Städten. Menschen wurden in „Mietskasernen" eingepfercht. Der Wunsch wenigsten am Sonntag hinaus in frische Luft und angenehme Umgebung zu kommen, konnte nicht ausbleiben. Auch nicht gerade wohlhabende Familien unternahmen in ihrer knappen Freizeit einen Spaziergang hinaus ins Grüne. Doch nicht nur die Natur lockte. Vater trank schon gerne ein Bier, Mutter zog Kaffee vor. Die Kinder erhielten verdünnten Fruchtsaft oder gar eine Brause. Das konnte man aber nicht mitnehmen. Also kamen Kaffeegärten als Ergänzung bestehender Gasthäuser auf, die dort Getränke und zumindest Kuchen anboten. Je mehr Menschen Freizeit für Ausflüge aufs Land hatten, desto mehr wurden auch Speisen angeboten. Im einfachsten Fall waren das belegte Brote, so zum Beispiel bei „Schinken-Paul" in Schulenburg, es gab aber auch Bockwurst, Suppen oder kleine Menüs.

Um 1900 half das Fahrrad Menschen auf das Land zu bringen. Man brauchte kein teures Pferd und musste keinen Wagen mieten, wenn das Ziel weiter entfernt lag. Damit der Wunsch einen Ausflug zu unternehmen, zum „richtigen" Ziel führte, setzten die Gastwirte Grußpostkarten als Werbemittel ein. Sie zeigten oft den Garten als besonderes „Zugmittel" für Ausflüge.

Zum Beginn des 20. Jahrhunderts bestanden wesentlich mehr Schankwirtschaften in Langenhagen als heute. Man rechnete um 1900 mit vier bis fünf Gasthäusern auf 1.000 Personen. 1905 lebten im damaligen alten Langenhagen 1605 Einwohner. Der Ort hätte demnach sechs bis acht Wirtschaften aufweisen können. An der heutigen Walsroder Straße gab es folgende Wirtschaften Richtung Süden: „Weißes Roß" - später Hubertus, „Drei Linden", „Zum Felsenkeller" gegenüber der Heilanstalt, „Poppes Gasthaus", „Gasthaus „Oelkers" - später „Waldersee" in Langenforth sowie „Zollkrug" in Brink und an der Grenze zu Hannover noch die Gastwirtschaft „Maibaumsdorf"; nach Norden „Krügerei August Schmidt", Gasthaus „Völker" sowie diverse Gaststätten in Kaltenweide, die später noch genauer betrachtet werden.

Alteingesessene Wirtshäuser wie die Gaststätte St. Hubertus waren vor allem Treffpunkte. Um die Jahrhundertwende zum 20. Jahrhundert kamen überwiegend Männer als Gäste infrage. Durch ein Polizeiprotokoll wissen wir, wer am 7. Februar 1907, einem gewöhnlichen Donnerstag, dort bis spät in die Nacht am Tische saß und trank.

In der Vernehmung zu dem Vorfall sagte der damalige Gemeindevorsteher Bartels vom gegenüberliegenden Hof aus: *„Wie ich am Donnerstag, 7. Februar gegen 9 Uhr die Gastwirtschaft von Niederstadt betrete, bemerkte ich, wie der Hauptlehrer Beckmann total betrunken war. Im weiteren Verlauf des Abends ist der L. Beckmann mehrmals in seiner sinnlosen Betrunkenheit zu Boden und unter den Tisch gefallen. Im Fallen hat er 4-5 Stühle zerbrochen und sich selbst schwere Verletzungen im Gesicht zugezogen. Schließlich war er so betrunken, daß er nicht mehr stehen, geschweige denn nach Hause gehen konnte. Gegen fünf Uhr morgens haben der Zimmergeselle Kistner, der Schlossergeselle Vollmer, Heinrich Bodenstab, sämtlich aus Langenhagen, Maurergesell Conrad Jansen aus Krähenwinkel und einige mehrere den L. Beckmann mit wüstem Gallop nach seinem Hauswesen gefahren. Der Gastwirt Niederstadt ist hinter dem Zuge hergegangen. Vollmeier Heinrich Schaumann, Bäckermeister Janer, Gastwirt Poppe[77] haben mit dem L. Beckmann zusammen gesessen.“*

Außer den hier genannten wurden noch diese Gäste befragt: Schlachtermeister Hermann Stötefeld, Klempnermeister Gottfried Müller, Gastwirt Niederstadt, Kaufmann Georg Volmer, Hausschlachter Heinrich Graumann, Konrad Haase, Schlossergeselle Krüger, Imogen Kracke (Freundin vom Schlossergesellen Krüger).

Abgesehen von Imogen Kracke, die sich mit dem Schlosser Krüger nur bis 11 Uhr nachts im Gasthaus Hubertus aufhielt, waren alle anderen Gäste männlich. Frauen besuchten damals keine Schankwirtschaften, für sie kam nur der Kaffeegarten in Frage. Zudem gab es eine gewisse soziale Schichtung. Lehrer Beckmann saß mit Honoratioren im „Clubzimmer", während die Handwerksgesellen sich im Schankraum aufhielten. Gastwirt Niederstadt ging gerne seinen Pflichten nach, denn er forderte laut Protokoll den betrunkenen Hauptlehrer Beckmann auf, doch eine Runde auszugeben. Das teure Vergnügen lehnte Beckmann jedoch ab. Damit fing die Streiterei im Gasthaus Hubertus damals an.

---

77 Poppe hatte seine Wirtschaft etwas weiter südlich, nahe der Kirche

Postkarten Gasthaus St. Hubertus nach 1900 (Sammlung Jagau) In der Mitte das oben erwähnte „Clubzimmer", hier heißt es Gesellschaftszimmer.

Otto Niederstadts Gasthaus wurde auf einer etwas früheren, lithografierten Postkarte als „Gaststätte zum weißen Ross" beworben. Der Poststempel datiert aus dem Jahr 1904. Niederstadt zielte mit dem neuen Namen auf die Jägerschaft, die dann auch gerne bei ihm einkehrte. Der alte Name deutete auf das weiße Niedersachsenross. Man zeigte demnach „Welfentreue" an.

Auch Gastwirt Poppe warb mit einem Gartenbild um Kunden

Das Restaurant „Zum Felsenkeller" besteht schon lange nicht mehr. Es gehörte zur Reihe der an der Walsroder Straße befindlichen Wirtschaften. Der Name war entlehnt, denn in Langenhagen gibt es – abgesehen von etlichen Findlingen – keine Felsen. Vermutlich stand die seit 1861 bestehende Brauerei

Felsenkeller aus Lauenau Pate. Das Lokal wurde dem Bild nach nur von

Herren besucht. Die Frau oben links am Fenster war bestimmt nur ein „dienstbarer Geist". Unter ihr ist der Eingang zum Garten zu erahnen. Es gab also außer kellerkühlem Bier auch den beliebten Kaffee. Die abgebildeten Radfahrer sollten sicher zeigen: hier kann man bei einem Ausflug rasten.

Die Postkarte zu Poppes Gasthaus weist durch Blicke in den „Kaffeegarten" und die darin oder vor dem Hause schlendernden Paare auf eine weitere Erholung hin. Am Wochenende bzw. damals am Sonntag konnte „Mann" dort seine Herzensdame, Verlobte oder Angetraute ausführen. Bei St. Hubertus sind auf zwei Bildern Hunde zugegen, was bei der abgebildeten jagdlichen Tradition kein Wunder ist. Außerdem zeigt die Frontansicht die damals bis dort fahrende Straßenbahn. Der Wirt zielte demnach auch auf Kundschaft, die aus weiterer Entfernung anreiste. Beim Gasthaus Poppe, an dem die Linie 19 ebenfalls vorbeiführte, fügte der Grafiker jedoch nur eine ziemlich kleine Kutsche ins Bild.

Auf späteren Fotografien des Gasthauses Hubertus sieht man eine Tanksäule vor dem Hause. Man konnte dort also auch mit dem Auto vorfahren und tanken. Damit wird eine weitere Aufgabe von Gasthäusern ersichtlich. Sie dienten den Bedürfnissen von Reisenden oder Ausflüglern, die entweder mit dem Fahrrad wie Herrmann Löns oder auch zu Fuß als Wanderer in die „Heide" strebten. Zu damaliger Zeit begann die „Heide" nämlich in Langenhagen. Diese Landschaft wurde von vielen „Ausflugsgaststätten" als Werbemittel genutzt. Das zeigte sich besonders auf Ansichtskarten von Otto Niederstadts St. Hubertus und vom Forsthaus Cananohe.

Andere derartige Gaststätten enthielten die „Heide" gleich in ihren Namen: „Heideschlösschen" (Kananohe), „Kurhaus Heiderast"(Kaltenweide) oder „Heidehof" (Hainhaus) und später noch „Hasenheide" (Engelbostel).

Ein genauerer Blick auf die Postkarte zum „Kurhaus Heiderast" belegt, dass die Aufnahme während des Ersten Weltkriegs angefertigt wurde. Es sind sehr viele Frauen abgebildet, einige davon in dunkler Kleidung, wahrscheinlich der damals üblichen „Witwentracht". Die wenigen Männer auf den beiden Fotos haben alle Uniformmützen aufgesetzt, gehören also zum Militär oder verwandten Formationen. Auf dem Foto links sitzen drei von ihnen am ovalen Tisch im Hintergrund. Sie wurden auf dem linken Foto im Mittelgrund mit fünf Damen postiert.

Auf beiden Bildern hatte man „die Kinder nach vorn" gelassen. Links vier Kinder in Begleitung einer durch Kittelschürze als „Dienstbotin" ausgewiesenen Frau, rechts durften zwei von ihnen vor der Reihe im Mittelgrund sitzen. Auf letzterem Bild hatte der Fotograf einen älteren Kellner mit leerem Tablett ganz nach vorn postiert. Er sollte signalisieren: Hier gibt es etwas zu verzehren, nämlich Kaffee und Kuchen. Interessant ist das Rondell im Hintergrund dieses

Bildes. Ein Ringelspiel zur Belustigung der Kinder bei einem Familienausflug. Damit sollte der Wert des „Kurhauses" für Familien herausgestellt werden.

Kurhaus Heiderast vor 1919

KALTENWEIDE. Kurhaus Heiderast

Heute kommt uns die Bezeichnung „Kurhaus" unpassend vor. Sie war früher jedoch nicht unüblich. So gab es auch ein „Kurhaus Bissendorf", das an der Wietze lag. Gemeint war Werbung für die „gesunde Luft" in der Umgebung, die beim früher verbreiteten Kohlenruß aus zahllosen Öfen im Stadtgebiet Hannovers Erholung bot.

Später wurde das „Kurhaus" umbenannt. Es war nunmehr der Gasthof „Zum Moorbock". Anscheinend wollte man den etwas weit hergeholten Heidebezug nicht weiter strapazieren.

Auf dem Bild vom „Heideschlösschen" halten sich vier erwachsene Personen auf, die an der Ecke der umlaufenden Balustrade stehen bzw. sitzen. Das Gebäude macht nicht gerade den Eindruck einer Gastwirtschaft.

Das Heideschlösschen 1919

Die Petersburg – kolorierte Schwarz-Weiß Fotografie, Postkarte 1909

Das Gasthaus „Zur Petersburg" hieß früher „Heideschlüssel". Der Besitzer H. Petersen kam dann aber vom Heidebezug wieder ab. Vor dem Kaffeegarten „parken" zwei Pferdefuhrwerke.

Postkarte Gasthaus zum „Heidehof" (1912)

Auch im Ortsteil Hainhaus wurde die Heide in den Namen einer nicht mehr bestehenden Gastwirtschaft aufgenommen. Auf der 1912 abgestempelten Postkarte spielt die nahe Wietze eine gewisse Rolle. Einmal als Viehtränke, in der Hauptsache aber als spektakuläre Passage während einer Reitjagd. Der Fotograf hat den Moment abgepasst, in dem die ersten Reiter durch den flachen Bach galoppieren. Auf dem Steg daneben schaut ein Radfahrer nach den Hunden, die wasserscheu am Ufer zögern, während ihre passionierten Kollegen den Reitern durch das Wasser folgen. Im Hintergrund hat sich eine breite Front von Reitern aufgestellt. Ob sie sich auch durch die Wietze trauen?

Gaststätte und Badeanstalt »Hasenheide« Nähe Staatsforst Cananohe

Ausflugsgaststätte Hasenheide um 1930

Der frühere Standort der Gaststätte ist inzwischen dem Ausbau des Flughafens zum Opfer gefallen. Einzige Erinnerung ist der Straßenname „Hasenheide" in Kananohe. Der Name „Hasenheide" ist allerdings keine Langenhagener Besonderheit. Er hat seinen Ursprung in Berlin. Dort wurde 1678 ein Hasengehege für die kurfürstliche Jagd angelegt. Ab 1840 zeigte sich das Gelände mehr und mehr als Naherholungsgebiet mit Bier- und Kaffeegärten.

Die frühen Postkarten von Gaststätten um Langenhagen waren häufig Lithografien. Dabei nahm der Urheber die Wahrheit der Abbildung nicht genau. So wurde das Forsthaus auf der umseitig abgebildeten Karte mit Auerhahn und Rothirsch dekoriert, obgleich beide hier nicht zu Hause waren. Die Steinpilze wuchsen anscheinend derart, dass sie zwei Hasen Obdach bieten konnten. Der Schornstein rauchte einladend, während feine Gäste paarweise oder allein im Garten lustwandelten. Die Ansicht des Hauses traf jedoch einigermaßen zu, wie spätere Fotografien belegen. Um 1900 musste man entweder zu Fuß, mit dem Fahrrad oder per Kutsche anreisen, von Hannover aus schon ein ziemlicher Weg.

*Gruß vom Forsthaus Cana-
nohe (lithografierte Postkarte,
abgestempelt 4.9. 1902*

*Forsthaus Cananohe
Gartenwirtschaft*

Diese alte Postkarte vom
Forsthaus Cananohe zeigt
zwei Gartenansichten mit
zahlreichen Personen
nebst einigen Hühnern. Auf
dem oberen Foto sitzt links
ein Mann in Forstuniform
mit einem anderen Herrn
am Tisch. Rechts werden
verschiedene Hunde gehal-
ten, zwei Dackel auf dem
Arm, ein ziemlich bulliger
Hofhund vom Knaben im
„Kieler Anzug" an der Leine.
Diese Anzüge waren am
Anfang des 20. Jahrhun-
derts sehr gefragt. Man

Cananohe.

brachte damit seine Unterstützung für die Flottenpläne des Kaisers (Wilhelm

II) zum Ausdruck. Die Dame mit dem „Topfhut" am langen Tisch in der Mitte darf auch das untere Foto beleben, dort sitzt sie mit einem Militär am Tisch. Das Mädchen daneben präsentiert einen der Dackel. Er muss „Männchen" machen.

Das alte Forsthaus in Kananohe ist inzwischen in der Pferdepension Breschke aufgegangen.

Diese Postkarte der Gastwirtschaft Waldersee wurde 1916 abgestempelt. Sie ist ein weiteres Beispiel für Lithografien von O.B. Schulze, der um 1900 hiesige Gaststätten bildlich wiedergab. Auch hier nahm der Künstler keine Rücksicht auf reale Größenverhältnisse. Radler, Publikum und die elektrische Straßenbahn – Linie 19 - gerieten verglichen mit dem Fachwerkbau des Wirtshauses doch etwas klein. Dasselbe war nun mal das Wichtigste. Wer das heute überprüfen möchte, kann bei der Musikschule nachsehen.

Der Garten, wo später die Kegelbahn gebaut wurde, in der heute der Kunstverein residiert, war dem Bild zufolge „gesteckt" voll mit Leuten. Eine womöglich ebenso große Attraktion gewährte das im Haus befindliche „Panoptikum". Das Plakat dazu ist an der linken (nördlichen) Giebelwand erkennbar. Was in diesem Panoptikum gezeigt wurde, ist nicht ganz klar. Nach der heutigen Definition wäre das etwa ein Wachsfigurenkabinett, was hier gewiss ausscheidet oder eine Sammlung von Sehens- bzw. Merkwürdigkeiten. Vielleicht wurden hier auch die ersten Kurzfilme gezeigt, die es in Paris und Berlin ab 1895 gab. Es können auch Bilder gewesen sein, die mit einer *Laterna magica* an die Wand projiziert wurden.

Bei einer älteren lithografierten Postkarte erweisen sich die Größenverhältnisse noch deutlicher verzerrt. Damals befand sich die Gastwirtschaft Waldersee noch im Besitz von Carl Oelkers. Vor dem naturgetreu abgebildeten Gebäude paradieren ein winziger Zug der Straßenbahn, zwei recht klein geratene Kutschen mit rassigen Pferden, zwei Radfahrer sowie ein zahlreiches Publikum. Vor dem Gasthaus sind die Personen jedoch arg geschrumpft. Das eingestreute Bild des alten Bahnhofs am Pferdemarkt zeigt einen Miniaturzug vor dem stattlichen Kleinbahnhof nebst recht belebtem Bahnsteig. Die Lithografische Anstalt eines Herrn Hartmann aus Hannover zeichnete verantwortlich.

Postkarte (abgestempelt August 1909)

Ein Gasthaus mit sehr langer Tradition in Brink war der „Zollkrug". Die 1904 abgestempelte Postkarte ist eine nachträglich kolorierte Fotografie, daher stimmen die Größenordnungen. Zwei abgestellte Fahrräder belegen

Ausflugskundschaft. Man saß an zwei gedeckten Tischen vor dem Haus. Alle Personen wurden damals vom „Photographen" passend aufgereiht. Sie mussten bei den langen Belichtungszeiten fein still stehen oder sitzen, was hier selbst den beiden Kindern gut gelang.

Der Zollkrug dürfte als Zollstation eine lange Geschichte haben. Ab wann dort Bier ausgeschenkt wurde, ist unklar. In den Meldungen zur Biersteuer, der Accise, kommt das Gasthaus ebenso wie die anderen hier behandelten Häuser nicht vor.

Langenhagener Bierkonsum in alter Zeit

Im 17. Jahrhundert war der Konsum von Bier in der Vogtei Langenhagen nicht gerade mäßig. Eine Steuerliste aus dem Jahr 1648, der Dreißigjährige Krieg war gerade beendet, meldet, welche Mengen besteuert wurden. In Langenhagen wurden bei Kindstaufen von Johannis (24.06.) bis Michaelis (29.09.) 1647 vier Tonnen je zu rund 150 Litern Bier angerechnet. Bei den Märkten war es noch mehr: 19 Tonnen sollen beim Langenhäger Weihnachtsmarkt ausgeschenkt worden sein, das wären über 18 Hektoliter Bier. Einen Spitzenwert erreichte Engelke Engelken von Michaelis 1647 bis Ostern 1648 mit 22 Tonnen, sprich 33 Hektoliter. Er muss einen Ausschank betrieben haben. Den absoluten Spitzenwert erreichte jedoch der Amtsvogt. Er musste im Vierteljahr 5 Taler Biersteuer bezahlen. Das entsprach einem Verbrauch von 25 Tonnen bzw. 37,5 Hektoliter im Vierteljahr.

In Krähenwinkel betrieb die Witwe von Meinert Stucke einen Ausschank. Von Juni bis September 1647 verzapfte sie 8 Tonnen Bier. Von September bis Ostern lief das Geschäft besser. Sie musste 19 Tonnen versteuern. Bei Herman Wischmeier kamen im gleichen Zeitraum nur 13 Tonnen in die Abrechnung. Heinrich Niemann durfte als „alter Diener" von Johannis bis Michaelis steuerfrei ausschenken. Im Zeitraum danach, bis Ostern 1648, lief bei ihm jedoch der Inhalt von 18 Tonnen aus dem Zapfhahn. Da kam er dem Ausschank der Witwe Stucke recht nahe.

Allgemein gediehen die Gaststätten recht unterschiedlich. Manche konnten sich über viele Jahrzehnte halten, so etwa der „Alte Krug" in Engelbostel, der schon lange der Familie Tegtmeier gehört. Auch der „Zollkrug" in Brink blieb lange in einer Familie. Andere wechselten Namen und Besitzer im Laufe der Zeit. Die reinen Ausflugslokale blieben bis auf wenige eine kurzfristige Erscheinung. Das lag einerseits an der etwas weit hergeholten Zuschreibung als Ausgangspunkt zur Heide und andererseits an der zunehmenden Verfügbarkeit von Automobilen. Da konnte man weiter fahren und zumindest die Südheide aufsuchen.

Eine Ausflugsgaststätte blieb bis heute, der „Waldkater" am Wege nach Bissendorf. Das Lokal wird nach wie vor bei Ausflugsfahrten mit Rad, zu Pferde oder per PKW gerne aufgesucht, obgleich die Durchfahrt zwischen Langenhagen und Bissendorf abgesperrt wurde.

Diese Lithografie des Waldkaters aus dem Jahr 1941 wurde von Herbert Kattentidt angefertigt. Der Künstler hatte um 1940 viele Ansichten aus Langenhagen und Umgebung gestaltet. Das Bild entspricht ziemlich genau späteren Fotografien des Hauses. Im Laufe der Zeit kamen mehr und mehr Anbauten hinzu. Heute kann man die Situation, die das Bild zeigt, nicht mehr erkennen.

Schulenburg

Der erwähnte Schwund durch zunehmende Motorisierung geschah auch hier. Die zur 700-Jahr-Feier Schulenburgs erschienene Ortschronik berichtete über einige Gaststätten im Ort. Dazu gehörte „Zur fröhlichen Dorfschänke" von Paul Döpke, im Volksmund „Schinken-Paul" genannt. Die Gaststätte „Zur Linde" wurde bis 1967 geführt. Die Wirtschaft von H. Brinkmann besteht ebenfalls nicht mehr.

In Schulenburg-Nord war das Ausflugslokal „Zum Aquarium" beheimatet. Wie die umseitige Postkarte aus den 50er Jahren zeigt, war es eine reine Ausflugsgaststätte. Sie lag an einem der durch Tonabbau im Bereich Schulenburg-Nord entstandenen Teiche. Man warb für die im Haus befindliche Weinstube, in ländlich-niedersächsischer Umgebung ein etwas spezielles Angebot. Die Blüte dieses Hauses ist lange dahin. Die Erweiterung des Flughafens ließ Schulenburg-Nord verschwinden. [78]

Die Postkarte, die der Werbung für das Lokal diente, lässt die damalige Situation wieder aufscheinen.

---

[78] Quellen: Rebecca Neander HAZ sowie Schulenburg - Geschichte und Geschichten – Ein Ort im Wandel der Zeiten, Hrsg. Röder Grebowicz, Lehmann.

Bis heute überlebte das 1866 als „Alter Krug" gegründete Gasthaus der Familie Schmidt unter allerlei Besitzern und wiederholt geänderten Namen. Schmidts Tochter Dorothee heiratete 1888 Conrad Gosewisch. Beide übernahmen die Gastwirtschaft und führten sie dann unter dem Namen „Zur Erholung", wie die 1899 beschriebene Postkarte ausweist. Auf dem Wirtshausschild ist mittig ein Fahrrad zu sehen. Diese Gaststätte wies sich schon durch ihr Schild als Aufenthalt für Radler aus.

Ab 1933 erhielt die Wirtschaft den Namen „Gasthaus Rust", denn Gosewischs dritte Tochter Emma heiratete den Berenbosteler Schmied Konrad Rust. Beide führten das Gasthaus unter Mithilfe von Emmas Schwestern Berta und Dora weiter. Die weitere Geschichte verlief recht kompliziert. Gleichwohl besteht das Gasthaus an der inzwischen ziemlich abgehängten „Alten Landstraße" weiter.

Altenhorst

Auch das doch recht kleine Altenhorst besaß ein Gasthaus nebst Kaffeegarten, wie die nebenstehende etwas fehlerhafte Abbildung beweist. Man muss in die eigene Heimat schon sehr verliebt sein, wenn man diese Ansicht als Werbemittel einsetzt. Die nicht mehr bestehende „Altenhorster Bauernstube" habe ich nach Treibjagden selbst besucht. Im Internet wird sie noch als „Bikertreff" genannt.

Kaltenweide

Kaltenweide belegt die frühere Wirtshausdichte am besten. Das ehemalige Gasthaus Hermann Schmidt liegt genau gegenüber der Gaststätte Höhne im Ortskern. Bei Höhne spielte Rock-Musik eine wichtige Rolle. Gab es hier doch den „Shout-Club" den junge Leute am Wochenende gern aufsuchten, um Life-Musik von lokalen Bands zu hören. Es kamen auch echte Stars, so etwa „Bill Haley and his Comets", die am 16. Oktober 1966 hier auftraten.

Die Postkarte enthält die gleichen Ansätze wie die älteren Lithografien: vier Radfahrer, eine weibliche Bedienung mit strahlend weißer Kittelschürze und ein nahezu obligatorisches Fuhrwerk. Diesmal jedoch ein Leiterwagen und keine Kutsche. Zur Zeit der Aufnahme war Kaltenweide noch recht dörflich ausgerichtet. Das „Kurhaus Heiderast", von dem oben schon die Rede war, lag einige hundert Meter entfernt direkt an der Durchgangsstraße nach Walsrode. Das Gasthaus Schmidt hatte wie viele andere eine bewegte Geschichte. Schön ist die Werbung auf der hier abgebildeten Klappkarte:

Liebe geschichtsinteressierte Leserinnen und Leser,

die Arbeitsgruppe GLieM freut sich, dass Sie dieses Buch erworben haben und damit Ihr Interesse an Langenhagen zeigen.

Sicher kann der Name GLieM für *Ganz Langenhagen ist ein Museum* - missverständlich sein, denn Langenhagen ist durchaus nicht verschlafen und in diesem Sinne museal. Die Bezeichnung wurde im Rahmen der Arbeiten zur 700-Jahr-Feier Langenhagens spontan formuliert und dann beibehalten.

Die Arbeitsgruppe GLieM entstand als Antwort auf die lange währende Bitte ein (Heimat-) Museum für Langenhagen zu entwickeln. Unter fachlicher Beratung der Historikerin Dr. Heike Brück-Winkelmann festigte sich bei uns die Erkenntnis, dass ein Museum im Freien mit verschiedenen informativen Tafeln weitaus zeitgemäßer und auch kostengünstiger sei als ein festes Gebäude. Konsequent machten wir uns auf den Weg, die Geschichte Langenhagens zu erforschen: einer Stadt, die aus acht ehemaligen Dörfern besteht und deren Gebäudebestand im II. Weltkrieg zu 85% zerstört oder beschädigt wurde. An vielen Standorten wird ihre Geschichte durch die bis heute aufgestellten Schilder dokumentiert.

Die AG GLieM ist ein selbständiges Projekt mit Assoziation zur Kulturstiftung Langenhagen e.V. Für die großzügige Unterstützung durch Sponsoren und durch die Stadt Langenhagen danken wir herzlich.

Viel Freude beim Lesen,

Ihre Arbeitsgruppe GLieM

Von links. Hans-Jürgen Jagau, Gabi Spier †, Herbert Kues, Edda Skowronek, Rainer Skowronek, Joachim Vogler, Dr. Heike Brück-Winkelmann, Ulrike Jagau.
Nicht mehr aktiv: Christa Röder

Bildnachweis:

Die Verwendung von Bildern aus dem Stadtarchiv erfolgte mit freundlicher Genehmigung des Leiters.

Glossar

Begriff	Erklärung
1,8 Mill. Reemtsma-Zigaretten	Schon während des Krieges waren Zigaretten Mangelware. Sie dienten einige Jahre als Geldersatz auf dem "Schwarzmarkt". 10 Zigaretten hatten z. B. den Wert von 1,5 kg Brot. Die 1,8 Millionen Zigaretten hatten also einen außerordentlichen Wert.
Abbauer	Siedler und Hausbesitzer auf erworbenen Teilflächen aus einem größeren Privatgrundstück. Abbauer übten in der Regel einen Handwerksberuf aus und betrieben Landwirtschaft im Nebenerwerb zur Selbstversorgung.
abgetorft	Wenn der Torf aus einem Torfstich vollkommen entnommen ist, nennt man die Fläche "abgetorft".
Aktuar	Früher wurden Gerichtsschreiber, die eine gewisse Rechtskenntnis haben mussten, als Aktuar bezeichnet.
Anbauer	Siedler und Hausbesitzer auf Flächen der Allmende (Gemeinheit) oder auf Teilflächen ehemals größerer Hofstellen. So wie die Abbauer übten sie in der Regel einen Handwerksberuf aus und betrieben Landwirtschaft im Nebenerwerb zur Selbstversorgung.
annektierte	In der Vergangenheit vollzogener Vorgang der Annexion
Annexion	Die z. B. durch Krieg erzwungene Eingliederung eines fremden Landes oder Gebiets in das vorherrschende Land. Dies ist heute völkerrechtswidrig.
Berlinspende	Gemeint ist die Zusatzabgabe zur Einkommensteuer und die Steuer, die im Gebiet der Bundesrepublik Deutschland vom Absender einer Postsendung in der Zeit vom 1. Dezember 1948 bis zum 31. März 1956, zusätzlich zum normalen Postporto, gezahlt werden musste. = Notopfer Berlin
defätistisch	Aus dem Französischen "défaite" = Niederlage. Mutloses Verhalten, weil man an keinen Sieg glauben kann.
Die gute Form	Der Begriff wurde in den 1950er Jahren geprägt und steht für ein Design, das zeitlos gültig sein sollte: Durch eine funktionelle, sachliche und trotzdem ästhetisch gültige Gestaltung sollte eine Dauerhaftigkeit der Dinge geschaffen werden, die über den modischen Zeitgeist hinausgeht.
Domänen-Fiskus	Im Königreich Hannover eingerichtete Organisation (Domänenkammer), die vor allem zur Erhebung von Steuern (→ Fiskus) diente.
Eingesetzter Hannoverschen Landtag	Der Eingesetzte Landtag im Land Hannover war ein nach dem Zweiten Weltkrieg von der britischen Militärregierung eingesetztes Gremium zur Kontrolle der Landesregierung. Letzte Sitzung am 29. Oktober 1946
Entkusselung	In der Landschaftspflege nennt man die Entnahme von jungen Gehölzen "Entkusseln". Diese Arbeit ist sehr mühsam und aufwendig, da jedes aufkommende Gehölz von Hand oder mit Motorsense entfernt

	werden muss. Besonders trockene Moorflächen werden zur Renaturierung entkusselt.
Ernannter Niedersächsischer Landtag	Nach der Bildung des Landes Niedersachsen bestand vom 9. Dezember 1946 bis 28. März 1947 der Ernannte Niedersächsische Landtag. Auch hier wurden die Mitglieder nicht gewählt, sondern von der britischen Militärregierung ernannt.
Fluchtlinienplan	Festlegung der Baugrenzen (Fluchtlinien) der zukünftigen Bebauung. Entspricht in etwa den Festsetzungen der Baulinien in den heutigen Bebauungsplänen.
Focke-Wulf	Die Focke-Wulf Flugzeugbau AG war ein Flugzeughersteller aus Bremen. Die Firma stationierte im II. Weltkrieg ein Erprobungskommando auf dem Fliegerhorst Evershorst in Langenhagen und testete hier u. a. das zweimotorige Mehrzweckflugzeug Ta 154- Moskito.
gleichgeschaltet	Gleichschaltung bezeichnet hier die erzwungene Eingliederung aller sozialen, wirtschaftlichen, politischen und kulturellen Kräfte in einheitliche Organisationen unter NS-Herrschaft im Deutschen Reich
Hachmeister	Der Hachmeister war im Mittelalter Vorstand der Gemeinde in einer Siedlung nach dem Hagenrecht. Die Siedler nannte man Häger. Beim jährlichen Hagengericht hatte der Hachmeister den Vorsitz.
Hagenhufendorf	Hagenhufensiedlungen sind eine planmäßige Siedlungsform des Hochmittelalters, die aus aneinandergereihten Besitzbreitstreifen besteht. Diese „Hufe" waren so breit wie die Hoflage, in Langenhagen etwa 100 m.
Hasenbahn	Der Abschnitt Langenhagen–Celle ist die sogenannte Hasenbahn in der Bahnverbindung Hannover - Hamburg. Weil nach 1913 das Geld für den Bau fehlte, tummelten sich Hasen auf der Strecke. Erst 1938 wurde die Strecke fertig.
Heestern	Teil des Stadtparks südlich der Elisabethkirche und südlich des Sportzentrums I. Bezeichnung in Anlehnung an junge Buchen- oder Eichenschösslinge.
Hegebusch	Hegebüsche werden von Jägern zum Schutz vieler Tierarten angelegt. Sie sind kleinere Flächen, die frei in der Feldflur liegen. Sie bestehen aus Kräutern, Sträuchern und im Endbestand aus einzelnen mittelwüchsigen Bäumen. Sie sind kein Wald und werden später nicht forstlich genutzt.
Hellweg	Handels- und Militärstraße des Mittelalters auf älteren Spuren etwa drei Meter breit angelegt. Er führte von Kloster Corvey bis zu Kaiserstadt Goslar im heutigen Niedersachsen. Es gab viele Verzweigungen, Hannover wurde jedoch links bzw. rechts liegengelassen.
Herrnhuter Brüdergemeinde	Sie geht auf die Reformation in Böhmen zurück. Im 18. Jahrhundert von Nikolaus Graf von Zinzendorf gefördert und in seinem Dorf Herrnhut angesiedelt. Von da aus internationale Entwicklung unter Beachtung des Grundsatzes, dass alle Menschen vor Gott gleich sind.
Höltingsgericht	auch als Holz-Gericht bezeichnet. An den Gerichtstagen wurde über Forstangelegenheiten beraten und entschieden.
Kammerung	Unterbrechung des Wasserabflusses in Gräben durch Einbau von Zwischenwänden. Es bilden sich abgeschlossene Abschnitte, die Kammern.
Kartoffelstoppeln	Das Suchen nach bei der Ernte übersehenen Feldfrüchten

Köthner	Kötner (Köthner) waren Dorfbewohner, die in einer Kate (Kotten) wohnten und nur wenig Land besaßen. Ihre kleinen Höfe lagen meist am Dorfrand oder waren von größeren Höfen abgeteilt. Ihr Hof nebst Haus wurde als Kötnerstelle bezeichnet.
Kreisauer Kreis	Der Kreisauer Kreis war eine zivile Widerstandsgruppe, die sich während der Zeit des Nationalsozialismus mit Plänen zur politisch-gesellschaftlichen Neuordnung nach dem angenommenen Zusammenbruch der Hitler-Diktatur befasste.
Laterna magica	Die Laterna magica (lateinisch für „Zauberlaterne") ist ein Projektionsgerät, das sich im 19. Jahrhundert zum Massenmedium entwickelte. Projiziert wurden durchsichtige gemalte oder fotografierte Bilder.
Lokomobile	Eine Dampfmaschine auf Rädern, die gefahren werden kann, aber meist nur als Antriebseinheit dient.
Manchesterhosen	Hosen aus Breitcord-Gewebe (samtartige Rippen), das ursprünglich vor allem in Manchester (England) gewebt wurde.
Morgen	Die Fläche, die mit einem Pferdegespann an einem Vormittag gepflügt werden konnte, etwa 2.500 m^2 groß.
NABU	Naturschutzbund Deutschland e. V. Der NABU ist der älteste und mit mehr als 940.000 Mitgliedern und Fördernden mitgliederstärkste Umweltverband in Deutschland.
Ortleut	Ortleute nannte man in der frühen Neuzeit die Bewohner der Orte Maspe, Twenge, Hainhaus und Altenhorst. Heute auch als "Seestädte" bekannt, weil sie früher öfter von Hochwasser umgeben waren.
Ortstein Ortsteinschicht	Unter der Humusschicht verfestigte, in der Regel rot-braune Bodenschicht. Die Verfestigung des Boden erfolgt durch eingeschwämmte Humussäuren und Eisenhydrate. Die Schicht ist wasserundurchlässig und undurchdringlich für Wurzelwerk. Zur Nutzung als landwirtschaftliche Fläche muss der Ortstein vorher aufgebrochen werden.
Partikularisten	Menschen, die in einer größeren Einheit, etwa einem Land, die Interessen einer kleineren Gruppe durchsetzen wollen. Hier die welfentreuen Bauern, die ihren alten König Georg und dessen Königreich wieder haben wollten.
Protektorat	Sogenannte Schutzherrschaft eines Staates oder einer Staatengemeinschaft über einen anderen Staat. Hier des NS-Staates über Tschechien, gleichbedeutend mit einer Annektion.
Provinziallandtag	Dieser Landtag, der 1867 für die von Preußen annektierte Provinz Hannover eingerichtet wurde, bestand bis 1933.
Raseneisenstein	Raseneisensteine sind durch Eisen verfestigte Ablagerungen im Boden. Er entsteht in Schichten, die durch Grundwassereinfluss geprägt sind. Farbe meist braun oder braunschwarz. Eisengehalt um 50 %.
Rennöfen	Rennöfen sind einfache, kleine Schachtöfen, in denen Eisenerz zur Gewinnung von Roheisen geschmolzen werden kann. Sie waren seit der Eisenzeit bis zur Entwicklung besserer Vorrichtungen im Gebrauch.
Rieselfelder	Ein Rieselfeld ist eine Anlage zur Reinigung von Abwässern. Auf möglichst großer Fläche werden Abwässer auf durchlässigem Boden verrieselt. Dabei binden sich Feststoffe an die Bodenteilchen und das Wasser wird gereinigt.
RSD-Lager	Returned Stores Depot. Ein Vorratslager der britischen Militärverwaltung mit zahlreichen deutschen Beschäftigten.

Scholle	Scholle ist im Ackerbau eine nur noch selten verwendete Bezeichnung für den eigenen oder gepachteten Grundbesitz eines Bauern.
Solitär	Pflanze, die als einzelstehendes Exemplar im Erscheinungsbild vorherrscht.
Stalinorgel	Ein sowjetischer Mehrfachraketenwerfer, von deutscher Seite wurde die Waffe Stalinorgel genannt, da die Anordnung der Raketen an eine Orgel erinnert und beim Start ein charakteristisches pfeifendes Geräusch erzeugt wurde.
Steilschrift	Bei dieser Schrift stehen die Buchstaben senkrecht auf der Zeile. Sie ist eine Form der Kurrentschrift.
Werkbund	Der Deutsche Werkbund e. V. (DWB) wurde am 6. Oktober 1907 als wirtschaftskulturelle „Vereinigung von Künstlern, Architekten, Unternehmern und Sachverständigen" in München gegründet. Zu den Zielen gehörte eine ansprechende, einfache Gestaltung von industriell oder kunsthandwerklich hergestellten Erzeugnissen.
Wietzeband	Ein Landstreifen entlang der Wietze, in etwa dem früher geschlängelten Lauf folgend.
Wlasovbande	Die Wlassow-Armee war ein russischer, antisowjetischer Kampfverband, der auf der deutschen Seite am Zweiten Weltkrieg teilnahm.
Wöchnerinnen	Wöchnerin nennt man eine Frau in den ersten sechs bis acht Wochen nach der Entbindung.
Woiwodschaft Opole	Polnisch: Verwaltungseinheit für das Gebiet um Oppeln. Eine Woiwodschaft entspricht einer Bezirksregierung.